# 新时代交通精神研究

樊东方　赵新惠　张晓利　李晓峰　编著

人民交通出版社股份有限公司
China Communications Press Co.,Ltd.

## 内 容 提 要

本书立足于我国交通发展和精神演进的实践探索，从交通精神的基本概念、历史演进、国外借鉴、当代实践等方面，总结传承了交通精神的历史积淀，发掘了交通精神的时代元素，为交通运输行业广大研究人员和管理者提供了有益的参考和借鉴。

**图书在版编目（CIP）数据**

新时代交通精神研究 / 樊东方等编著. — 北京：人民交通出版社股份有限公司，2018. 9

ISBN 978-7-114-14945-0

Ⅰ. ①新… Ⅱ. ①樊… Ⅲ. ①交通运输发展—研究—中国 Ⅳ. ①F512. 3

中国版本图书馆 CIP 数据核字（2018）第 172269 号

Xinshidai Jiaotong Jingshen Yanjiu

书　　名：新时代交通精神研究
著 作 者：樊东方　赵新惠　张晓利　李晓峰
责任编辑：牛家鸣
责任校对：刘　芹
责任印制：张　凯
出版发行：人民交通出版社股份有限公司
地　　址：（100011）北京市朝阳区安定门外外馆斜街 3 号
网　　址：http：//www. ccpress. com. cn
销售电话：（010）59757973
总 经 销：人民交通出版社股份有限公司发行部
经　　销：各地新华书店
印　　刷：北京虎彩文化传播有限公司
开　　本：787 × 960　1/16
印　　张：9
字　　数：101 千
版　　次：2018 年 12 月　第 1 版
印　　次：2018 年 12 月　第 1 次印刷
书　　号：ISBN 978-7-114-14945-0
定　　价：50.00 元
（有印刷、装订质量问题的图书，由本公司负责调换）

# 序

# Preface

国民之魂，文以化之；国家之神，文以铸之。“深化中国特色社会主义和中国梦宣传教育，弘扬民族精神和时代精神”是党的十九大提出的开启全面建设社会主义现代化国家新征程的新要求。习近平总书记在党的十九大报告中明确指出：“发展中国特色社会主义文化，就是以马克思主义为指导，坚守中华文化立场，立足当代中国现实，结合当今时代条件，发展面向现代化、面向世界、面向未来的，民族的科学的大众的社会主义文化，推动社会主义精神文明和物质文明协调发展。”这不仅深刻阐明了中国特色社会主义文化的深刻内涵与重大意义，更为新时代各行业各领域加强文化建设指明了方向和路径。

交通运输是支撑经济良性发展，促进社会全面进步的基础性、先导性产业和服务性行业，服务是其本质属性。交通精神是民族精神和时代精神在交通运输领域的具体实践，是交通运输事业发展进步的灵魂所在。在长期的实践中，交通运输行业先后涌现了一批体现广大从业人员思想意志和精神风貌的典型精神，如“铺路石精神”“小扁担精神”“两路精神”等，极大地激励和鼓舞了历代交通人以极高的激情投身于交通运输事业发展进步的伟大实践中。

改革开放40年来，经过历代交通人艰苦奋斗、励精图治、开拓进取，我国交通运输取得了举世瞩目的成就。当前，我国交通运输发展在数量规模、质量水平和结构层次等方面，都发生了翻天覆地的变化，我国已跻身于世界交通运输大国之列，正在向交通强国迈进。同时，国家“三大战略”进入落地实施期，综合交通运输发展加速推进，资源要素驱动力日渐衰减等，都使交通运输发展面临新的环境与挑战，交通运输正处于新的发展阶段。新时代需要新精神，新阶段面临新使命。我国交通运输自身的阶段性特征和外部环境条件的变化，客观上需要在继承优良传统的基础上，发掘新的精神元素，形成新时代交通精神，并将其作为当前及今后一个时期全体交通人的共同精神追求和价值遵循。

本书立足于我国交通运输发展和交通精神演进的实践探索，从交通精神的基本内涵、历史演进、时代特征、传播规律等方面，总结了交通精神的品质特征，发掘了交通精神的时代元素，提出了交通精神研究与实践的方法工具，为交通运输行业广大研究人员和管理者提供了有益的参考和借鉴。

交通运输部科学研究院副院长兼总工程师 

# 目　录

## Contents

# 第一章　交通精神的研究基础

本章以人类文化学的观点为统领，将交通运输置于经济社会发展的大背景下，在交通文化、交通文明的语境之中，考察交通精神的过去、现在与未来。在承继前人研究与实践形成的优秀成果基础上，本书力图厘清交通精神与相关概念的逻辑关系，构建起交通精神研究与实践的相对独立的理论框架，以期为未来该领域的研究起到抛砖引玉的作用。

## 第一节　精神、文化与文明

长期以来，精神、文化与文明的内涵与外延，以及联系与区别，在学术界和实践中存在边界不清、界定含混的现象，以至于概念范围的大小、相互之间的包含关系也呈现出“辈分错乱”的情况。因此，弄清楚相关概念的内涵与外延以及相互之间的逻辑关系，是启动相关方面研究与探讨的前提。

### 一、精神的溯源

根据《辞海》的解释，精神有两种意思：一是指人的意识、思维活动和心理状态；二是指某项事情的宗旨与意义。在现实生活中，与精神搭配的词语多如牛毛，且搭配后所形成的概念含义也千差万别，如“精神风貌”“精神疾病”“人文精神”“铁人精神”

“民族精神”“时代精神”“会议精神”“讲话精神”等。在人们的意识之中，精神仿佛是一个飘忽的概念，时而与生理有关，时而与意识有关，时而是一个具体的存在，时而又是一种缥缈的想象。

需要明确的是，这里所探讨的精神，是意识形态领域的一个概念，是指人的内心支柱、情感寄托和心灵归宿，是人们对生活意义、生存价值和生命归宿的一种价值与文化认同。对个体而言，精神也就是其内心世界和心灵归宿，是对其个人世界中那些具有价值与意义的内容的认识，以及基于此种认识所产生的认同与追寻；对一个民族或群体而言，精神则与其民族或群体内部的文化相互关联，是一个民族或群体在文化认同基础上产生的文化寄托和情感归宿，包含了一个民族或群体经过长期的历史积淀所形成的特有的传统、习惯、风俗、心理和情感等。

从其要素来看，精神含有文化体验、认知模式、价值观念、情感方式、理想信念、信仰体系等要素，多种要素有机构成了精神文化系统。这其中的各种要素各有其具体和丰富的内涵，表征着人类生活的一定领域或某个方面，同时又相互依存、相互协调，有机地构成一个精神与文化体系。

就其形态来看，精神寄存于一定的文化体系之中，通过一定的文化形态存在。认同一定的精神，就是接受一定的文化体系并融入其中，成为与之相通的人。

拥有某种精神是人类所独有的一种特质。古希腊哲学家亚里士多德曾经说过：“人是有思想的动物。”德国著名哲学家费尔巴哈也曾一针见血地指出：“究竟什么是人跟动物的本质区别呢？对这个问题的最简单、最一般、最通俗的回答是：‘意识’。”而“思想”和“意识”都属于精神的范畴，这说明人类与世界上其他存在物的不同之处就在于精神，而人类的“特殊”与“高级”之处也在于精神，正如德国哲学家舍勒所说的那样："只有精神才是人和其他动物根本区别的唯一标志。"

## 二、文化与文明

在研究探讨精神、文化、文明三者之间的关系前，务必先要厘清文化与文明的联系与区别。在此，不妨先来探讨一个有趣的现象：对于一个受过高等教育、学富五车的人，人们常常冠以"文化人"的标签，但进一步来讲，这个人是不是"文明人"，可能就需要进一步的观察和考量了。同样，一个没有上过学的人，我们可能不能称之为"文化人"，然而，如果他知书达理、品德高尚，我们仍然可以称之为"文明人"。但抛却偏见地说，一个"文化人"成为"文明人"的概率要比一般人大得多。由此，可以简单地得出结论：文化是一种客观、全面的存在，而文明是在文化基础上的沉淀和升华；文化是一个中性的概念，文明是一个褒义的概念。

从文化人类学的角度来看，文化和文明是人类社会发展过程中一个问题的两个方面，既有内在的紧密联系，又有其本质上的明显区别。从内容上看，文化是人类征服自然、社会及人类自身的活动、过程、成果等多方面内容的总和，而文明则是在文化实践的基础上对其中优秀部分的提炼与升华。也就是说，文明是文化中的精华部分。从时间阶段上看，文化存在于人类生存发展的始终，文明则存在于人类生存发展的特定阶段，人类在进入文明社会之前便已产生原始文化，而文明则是人类文化发展到一定阶段才形成的产物。从表现形态上看，文化演进是一个动态的、渐进的、不间断的发展过程，文明演进则是一个相对稳定的、静态的、跳跃式的发展过程。

此外，从感情色彩来看，文化是一个中性概念，文明则是一个褒义概念。人类征服自然和社会过程中化物化人的活动、过程和结果，是一种客观的存在，其中既包括有利于人类社会发展进步的优秀成果，即所谓的精华，也有不利于甚至阻碍人类社会发展进步的部分，即所谓的糟粕，但它们都是文化。文明则是在文化的基础上，与某种价值观紧密相连，是指经过时间锤炼的文化中的积极成果和进步方面。文明作为一种价值判断，是一个褒义概念。

## 三、精神与文化

“文化”一词的概念和内涵也是随着社会学、文化人类学的不断发展而不断清晰的。但是，长期以来，无论国内还是国外，对于“文化”一词一直没有统一的解释，人们往往是根据不同的历史背景、语言习惯和切入角度等予以界定，从而形成了众多不尽一致的解释。

在西方文化史中，“文化”一词原意是指人类在改造外部自然、满足自身需要的过程中，对土地的耕耘、劳作以及对神的敬奉。古希腊、古罗马时期，文化被理解为培养公民参与社会政治活动的能力。而在启蒙运动时期，法国启蒙思想家和德国古典哲学家将文化与人类的理性发展联系起来，以区别于原始民族的“野蛮”和“不开化”。

在中国古代思想史中，文化一词是指文治和教化，与现代科学所指的文化有所区别。《易经》云：“观乎人文，以化成天下。”汉代刘向《说苑·指武》云：“凡武之兴，为不服也，文化不改，然后加诛。”晋代束皙诗云：“文化内辑，武功外悠。”

我国当代人类学家对文化一词比较一致的看法是：文化是人们的生活方式和认识世界的方式。从一般意义上说，文化可以定义为人们的态度和行为，是一代代传承下来的对于存在、价值和行动的共识。文化由特定的群体成员共同形成，是社会和人类共同生活的基础，社会生活在很大程度上依赖于共识，这种共识就构成了特定的文化。《辞海》对“文化”一词的解释是：文化是人类社会在历史实践中所创造的物质财富和精神财富的总和。

关于“文化”一词，国内外虽然一直没有形成统一的定义。但是，人们对文化内涵的解释还是存在共识的。一般认为：文化是人类在社会历史发展过程中不断创造的各种精神财富、制度体系和物质财富的总和，其核心内容是人类创造各种精神财富、制度体系和物质财富所秉持或反映出的价值理念。

在界定文化的内涵的基础上，可以进一步分析精神与文化的关系。从一定程度上来讲，文化是精神的前提和基础，为精神的产生提供了肥沃的土壤，并塑造了精神的基本框架和走向。精神根植于文化，是文化的内核，又对文化具有引领和导向作用。一言以蔽之，特定的文化孕育特定的精神，有什么样的文化，就会催生什么样的精神。

## 四、精神与文明

谈到精神与文明，似乎二者合并起来使用是更加普遍的用法。实际上，精神文明合并起来作为一个完整的概念使用才不过百年。1920 年，梁启超游历西方诸国，突发奇想，何不以西方的物质文明去解决东方的经济落后，以东方的精神文明来补救西方的精神饥荒？“救知识饥荒，在西方找材料；救精神饥荒，在东方找材料”，二者合而为一，创造第三种文明。

在社会主义思想史上，“精神文明”这一概念首见于 1979 年时任中共中央副主席、第五届全国人大常委会委员长的叶剑英在庆祝新中国成立 30 周年大会上代表党中央所做的报告中。叶剑英同志在讲话中提出，我们要在建设高度物质文明的同时，提高全民的教育科学文化水平和健康水平，树立崇高的革命理想和革命道德风尚，发展高尚的丰富多彩的文化生活，建设高度社会主义精神文明，这些都是我们社会主义现代化的重要目标，也是实现“四个现代化”的必要条件。1982 年，党的十二大报告把精神文明作为社会主义的本质特征之一正式提出来。

那么，如果将精神与文明分开来看，二者又有什么联系和区别呢？实际上，在厘清文化与文明、精神与文化的基础上，弄清楚精神与文明的关系已经不再是困难的事情了。简而言之，精神是文化催生的产物并作用于文化后期的发展，文明是文化中的积极成果和进步方面，相应的，精神是文明在长期形成中不断凝练升华所形成的一种品格和意志，而这种品格和意志，也是文明存续发展的支柱。

## 第二节　交通文化的研究与实践

交通精神是一种特定的存在，根植于交通文化。因此，从研究的角度和分析的便利来讲，应将交通文化作为切入点和分析点。本节重点对现代以来交通文化研究与实践的探索进行总结，从中发掘前人优秀的研究成果，分析下一步研究的空间和方向。

### 一、交通文化研究与实践的过程

交通文化是一种客观存在，古已有之，交通文化相关的研究与实践，也散见于官方和民间的文件、文章等成果之中。但关于交通文化的大规模、成体系的研究与实践，时间并不长，始于 21 世纪初期。

2006 年召开的全国交通工作会议明确提出：“努力建设具有鲜明行业特点和时代特征的交通文化，用文化和精神的力量凝聚全行业，使交通运输行业更加充满活力，不断开创交通事业发展的新局面。”2006 年 6 月 26 日召开的全国交通运输行业精神文明建设工作会议，更是明确提出：“加强交通文化建设，努力增强行业软实力，力争在今后五年内文化建设取得明显进展。”随后，原交通部印发实施了《交通文化建设实施纲要》，对交通文化建设的指导思想、目标任务、工作原则和工作措施作出了具体安排和部署。这是原交通部颁布的第一个有关交通文化建设的重要文件，它强调新时期交通文化建设要深入贯彻科学发展观的要求，建设具有鲜明时代特点和交通运输行业特色的精神文化、制度文化和物质文化价值体系；要实施“五个一工程”，即形成一批交通文化研究成果，提炼一种交通精神，征集确定一个交通运输行业徽标，创作一批交通文艺作品，完善一批交通博物馆，将行业文化建设提高到一个新水平。

为全面深入推进交通文化建设工作，2006 年 11 月，原交通部通过部务会议研究决定成立交通文化建设研究工作指导委员会，按照行业文化、系统文化、专业文化、组织文化 4 个层次，分别成立了交通运输行业文化建设研究总课题组和 22 个子课题组。经过广大研究人员两年多的辛勤劳动和艰苦努力，研究工作进展顺利，取得了一批可喜的研究成果，出版多卷本的《21 世纪交通文化建设研究与实践》系列丛书，是交通文化建设研究成果的重要体现。丛书从多个层面、多个领域系统地总结了交通文化源远流长的发展历史、积淀丰厚的特色文化、形式多样的实践活动、绚丽多彩的建设成果。

近年来，尤其是《交通文化建设实施纲要》实施以来，全行业日益重视交通文化建设，注重丰富交通发展的文化内涵，取得了一系列有行业特点和时代特征的文化成果，涌现了青岛港、天津港等一批优秀企业文化建设单位和青岛交运集团“情满旅途”、南京长途汽车站“爱心始发站”、首发集团“秋子服务”、郑州汽车客运南站“王静班组”、保定交通运输集团“郭娜陆地航空班”等一批知名服务品牌。自2009年开始，行业主管部门根据《交通文化建设示范单位管理办法》，经推荐、审核和现场考察，分批次批准了黑龙江省大庆市交通局等12家交通文化建设成果突出、成效显著的单位为首批交通文化建设示范单位，通过树立先进典型，进一步推动了交通文化核心价值体系的建设，推进了交通文化建设研究和实践的深入开展。

## 二、交通文化研究的主要方法

在理论框架上，交通文化的理论渊源是文化人类学，与组织文化同源。但是，由于近年来的研究和实践多是管理部门组织开展，服务于一个单位、一个行业的管理工作，因此，在研究方法上所直接借鉴和运用的是组织文化学的理论和方法。组织文化，其基本属性之一是管理学属性，或者说组织文化成了管理学的一个分支。

以组织文化学为分析工具，将交通文化视同一种组织文化，也是交通文化研究和实践的必要选择。组织文化的作用集中体现在“内聚人心、外塑形象”两个方面，具有凝聚、导向、激励、约束、外塑和辐射等基本功能，将这些基本功能贯穿于交通文化的研究与实践之中，是促进单位发展、行业进步的应有之意。

组织文化，实际上就是我国多数著述所沿用的“企业文化”，二者并无实质区别，只是组织文化要比企业文化更加宽泛，企业只是一种特定的组织形式，组织除包含企业外，还包含其他形态的机构，如行政机关、事业单位等。实际上，“组织文化”一词在我国各种媒介上出现的频率要远远低于“企业文化”一词，这也与我国组织文化研究与建设更多是在企业领域展开的现状有关。

“组织文化”一词，最早出现于20世纪70年代初。1970年，美国波士顿大学组织行为学教授戴维斯在《比较管理——组织文化展望》一书中率先提出了“组织文化”的概念。此后组织文化迅速发展，到20世纪80年代，基本上形成了比较成熟的组织文化理论。大致也是在20世纪80年代，随着我国现代企业制度的逐步建立和现代企业管理理念的不断深入，组织文化或者说企业文化的概念也开始传入我国。

但是，关于组织文化一直没有统一的定义，国内外对组织文化的内涵有多种理解。一般认为：组织文化是组织信奉并付诸实践的价值理念。也就是说，组织文化的核心内容是价值理念，而且是组织所有员工或多数员工认同和信奉的，并在实践中真正得到实施和落实的价值理念。组织文化的构成要素一般包括物质要素、制度要素和精神要素，还有学者认为应包括行为要素；组织文化具有导向与约束、凝聚与激励、外塑与发散等功能，还有学者认为应注意组织文化的惯性问题及其对组织变革与发展形成的潜在障碍。这些认识，对于研究交通文化建设问题都具有借鉴和参考意义。

## 三、交通文化研究与实践的经验

经过长时间的研究与建设，交通文化在研究层面上有了一套较为完善的理论体系和方法，在实践层面激发了各领域、各单位投身交通文化建设实践的热情，涌现了一大批反映交通特色和时代特征的优秀文化成果。在交通文化研究与实践的过程中，积累了珍贵的经验，主要包括如下几个方面：

**一是夯实前期研究基础，才能更好地指导文化建设实践。**开展前期研究、夯实理论基础是开展文化建设的重要条件。只有深刻认识、全面理解、准确把握交通文化的内涵、要素、属性和功能，以及交通文化建设的基本内容、主要任务、实施步骤、重点工作，才能真正建设具有鲜明行业特点和时代特征的交通文化。否则，很有可能片面理解、挂一漏万，难以构建科学、完整的交通文化体系，难以把握文化建设各种要素之间及其与交通发展之间的内在关系，难以把握文化建设与政治思想工作、行业精神文明建设等相关工作的关系，难以形成符合本系统、本专业或本组织实际的、具有可操作性的文化建设总体规划和实施方案。

**二是确保研究与实践紧密衔接，才能使研究成果有效落地实施。**研究的目的是为了更好地指导实践，并从实践中汲取新的营养，以改进和提升研究本身。在交通文化研究与实践的过程中，由于行业主管部门的高度重视，从中央到地方兴起了交通文化研究的热潮，并充分吸纳了外部文化学、社会学等领域的专家加入，构建了不同领域、不同专业对交通文化研究的理论和方法体系。在实践中，强化交通文化建设的体系化设计，注重研究成果转化的中间过渡程序和过程，分不同层面做好文化建设发展规划，确保研究成果对交通文化建设实践的指导，从而使交通文化研究的优秀成果能够落到实处、起到实效。

**三是注重价值理念凝练提升，杜绝文化建设浅层化现象。**在文化建设的很多实践中，浅层化、庸俗化是常见现象，很多单位热衷于举办各类各样的文体活动，但对于这种活动背后的价值理念和精神品质，则较少地去凝练、升华和传播。开展丰富多彩的文化体育活动是文化建设的重要内容和手段，但文化体育活动是文化建设的一种表象，更具深刻意义的，应该是蕴含于各类活动中的价值理念和精神品质。在交通文化建设实践中，一开始就要注重防止出现类似现象，强化文化价值理念的凝练与提升，围绕价值理念有计划、有步骤地开展各类活动，从而杜绝文化建设浅层化的现象。

**四是注重文化建设的顶层设计，强化建设实践的统筹规划。**对于交通运输行业特色文化来说，完整的文化体系应该全面体现物质文化、制度文化和精神文化的要素，要在行业、系统、专业和组织等各个层面上发掘、提炼、整合和升华具有鲜明的行业特点和时代特征的价值理念及其文化元素。在交通文化建设的实践中，从研究到实践，均应注重精神文化、物质文化和制度文化建设一体化设计和平衡发展，防止以精神文化建设代替整体文化建设，从而导致物质文化和制度文化建设明显滞后的情况发生。

**五是不断健全交通文化建设机制，形成文化建设的整体合力。**交通文化建设应在组织保障、考核评价和交流互动等方面建立起长效运行机制，这是全面、深入开展文化建设的研究与实践，使之落在实处、见到实效的重要保障。在实践中，以原交通部为龙头，行业内部分系统、部门和单位相继建立起这些机制，并逐步建立起科学的管理制度、完善的培训体系、严格的绩效评估办法和有效的激励机制。各系统、各部门、各单位之间在文化建设实践中建立起交流平台，及时获取动态与信息，有效共享成果与经验，确保了交通文化建设的整体效果。

## 四、未来交通文化探索的方向

当前，我国正处于加速推进交通强国建设的关键期，交通文化研究与实践面临非常好的机遇。在具备较好前期基础和条件下，未来交通文化研究与实践探索应关注如下几个方面：

### （一）大力发展交通文化产业

随着产业文化化、文化产业化的发展，在政府的支持和引导下，加快客观上需以企业开发为主的交通文化产业建设进程，建设一批以体现产业、技术特色的交通文化产业园区。在产业的宣传定位上，可以确立不同的主题领域，如“最美乡村道路”“最美桥梁”“大国交通工程”等；在内涵赋予上，可以融入“惠及民生”“工匠精神”“不畏艰险”等价值理念。

### （二）注重提升交通参与者素质

交通运输是国民经济和社会发展的基础性、先导性产业和服务性行业，其参与者的广泛性是其他公共事业所不能比拟的。鉴于交通运输的生产与服务特点，交通文化研究与实践应将提升交通参与者的综合素质作为重点任务之一。交通参与者的综合素质，对交通运输发展理念、管理制度的落地实施将会产生重大影响，如驾驶员是否遵守管理规范、公众是否遵守交通规则等，很大程度上影响了交通安全事故的发生概率。因此，交通文化研究与实践，不仅要把眼光聚焦行业内部，还要放眼社会，积极引导广大交通参与者自觉遵守法律法规，文明出行。

### （三）不断加强交通文化教育培训

交通文化研究与实践，需要源源不断地给予智力和人力支撑，不能后继乏人。因此，需要不断拓展渠道和空间，比如可在部分高校开办从事专门的交通文化教学的专业，开设交通文化研究与实践等课程，组建以交通文化为主题的社团组织，以高校为依托建立起交通文化培训机构，通过短期培训及鉴定，培养大批交通文化研究与实践的专业性人才。此外，积极组织社会各方资源，通过交通文化的宣传和传播，增强社会公众的交通文明意识，以及组织各种新闻媒体、交通企业、研究单位、社会团体等开展学术研讨与交流，鼓励企业采取选送学习和传帮带模式，掌握相关的交通文化专业知识和技能，提升交通文化研究水平和服务水平，增强交通文化的影响力和辐射力。

### （四）有效促进交通文化品牌化、国际化

我国是交通大国，正走在迈向交通强国的路上，相对于世界各国，交通文化已经是一个响亮的品牌和靓丽的名片。交通文化的品牌化、国际化是提升交通运输行业国际影响力以及增强国际话语权

的重要手段。品牌化发展不仅有利于提高行业、地区及组织的知名度、美誉度，产生巨大的社会效益与经济效益，而且有利于增强产业发展的持续推动力，打造产品的核心竞争力，扩大市场份额。因此，打入国际交通领域、开拓国际市场、提升国家舞台上的话语权和影响力，不仅要靠技术的先进程度，更要靠文化的力量。不仅如此，伴随着文化产业向国际化的发展加快，交通文化产业及其产品也会逐步走向世界，在为丰富和发展全球文化的同时获得新的更大的发展。

### （五）加快交通文化与相关产业的融合发展

近年来，随着经济的发展、人民生活的富有及城镇化进程的加快，人们更趋向于追求文化和休闲的消费。我国拥有一批特色鲜明、文化底蕴深厚的交通旅游资源，公路、铁路大多被优美的自然环境所环抱，将这一资源优势与相关的地域文化、旅游文化有机结合，赋予旅游交通文化更多的元素，不仅可以迎合现代人追求自然美感和文化体验的需要，使旅游者可以学到知识、获得美的享受，而且还能形成人们对生活和人生价值的独特体味，增进人们对交通运输发展理念的了解、理解和认同，达到交通文化发展的高层境界。

## 第三节　交通精神研究的基本导向

交通精神作为交通文化的内核，其研究探索是在交通文化研究理论框架和思维方式的基础上，不断地收缩内容、锁定重点，将交通文化中的优秀成果凝练聚焦，从而形成既符合交通文化研究逻辑体系又相对独立的精神品质和研究体系。

## 一、交通精神的本质

交通精神是交通运输业的特色精神，必须反映交通运输的特点与属性，其秉承的价值理念应有别于农业、林业、水利、建筑等其他生产生活领域，从而体现其自身鲜明的、独特的文化特质。从精神的本质来看，一般应具有如下几个方面的特征：

### （一）交通精神是一种思维

在一定程度上，交通精神代表了一种思维方式，这种思维方式通过交通运输的特点与属性展现出来。所以，交通精神是一种思维。而且，这种思维是复杂的、不固定的，其参与的对象是全社会的公众，其实施的主体是所有与交通有关联的政府、企业及其他组织，我们不仅不能从行业的角度加以简单归类，也不能从管理的角度进行细化分解。

在凝练与传播中，交通精神体现了主体的不确定性，我们不能简单地把交通运输管理部门或环境保护管理部门作为交通精神的唯一主体，从而想当然地认为交通精神的形成与传播可以按照一般套路，通过制定、执行、监督、评估的管理流程开展实践活动。

事实上，交通精神已经突破了领域的界限，即在交通运输领域存在的精神不一定是交通精神，在其他领域存在的也不一定不是交通精神。在不同的方面和环节，交通精神传播的主体是不固定的，政府部门、社会公众、企业、民间组织等都可能成为交通精神传播的主体，幻想某个部门通过一己之力完成交通精神凝练与传播的所有任务是不现实的。

### （二）交通精神是一种理念

交通精神是交通发展的价值导向与追求，代表着一种发展的理念，这种理念的落地生根，既不能仅仅依靠管理层面的严格管束，也不能仅仅依靠技术层面的突破创新，而更多地需要靠这种理念的宣传与传播，并基于此而形成的思维方式改变、生活习惯改变、意识形态改变。交通精神的落地实施，意味着不能简单地以技术创新与突破去解决排放污染、土地占用、能源损耗等问题，这些问题实际上是由发展的理念决定的，从根本上来讲需要社会和文化的解决办法，而非仅仅做出一些技术性的修修补补。因此，必须从改变人们的理念入手，从改变人们的思维方式、生活方式和生产方式入手。

同时，尽管交通精神是一种理念，但并不排除有其特定的内涵。交通精神不是一个单纯的概念，不能从表面意义上简单理解，有其独特的、规定的内涵，它必须是以交通运输的功能、属性为基础辐射开来，进而形成一种能够体现交通运输特点和属性的相对独立的价值理念。

### （三）交通精神是一种导向

社会发展是要 GDP 还是要生态与资源？要财政收入还是要民众幸福？要一时政绩还是要造福后代？在二者可以兼得时，这就是一道很容易选择的“多选题”。但在不可兼得时，这道“单选题”就会考验我们秉持什么样的发展理念与导向。交通精神代表了交通运输发展的导向，这种导向着眼于人类的长远利益，强调了人与自然的和谐相处，无论从社会的角度，还是从政府管理和历史发展来看，都将不断引领着人们改变自身生产生活方式以达到与自然的和谐相处。导向问题，必然涉及价值选择和价值排序问题，是以单向度的经济发展为导向，还是以多向度的人与自然和谐发展为导向，是交通精神这种导向确立与传播面临的首要问题。

关于什么是价值选择与价值排序，可以来看一个个生动的案例。台湾学者龙应台曾经在台湾南部乡下一个庙前的荷花池畔坐下，为了不把裙子弄脏，便将报纸垫在下面。一个戴着斗笠的老人家马上递过来自己肩上的毛巾，说："小姐，那个纸有字，不要坐啦，我的毛巾给你坐。""字"代表知识的价值，斗笠老伯坚持自己对知识的敬重，以牺牲自己的毛巾来换取带字报纸的不被坐，这就是一种很生动的价值选择。

再来看两个案例。今天我们看见的巴黎，雍容美丽一如以往，是因为占领巴黎的德国指挥官在接到希特勒"撤退前彻底毁掉巴黎"的命令时，决定抗命不从，以自己的生命为代价保住一个古城；梁漱溟在日军飞机的炸弹在身边轰然炸开时，静坐院落中，继续读书，思索东西文化和教育的问题。价值排序是一种抉择，往往是在非正常状况下才能体现出这种抉择的难度和分量。

显然，当交通精神成为发展的导向时，传统的发展理念、模式、制度与方法，都应当也必须在这种导向的要求下进行调整，都应当用交通精神的标准来重新衡量和评价。只有这样，才能让交通精神走进现实，才能维护社会公众利益，让社会公众赖以生产生活生存的出行环境更加美丽。

## 二、需处理好的几组关系

交通精神植根于人类与自然的整体性，克服了单向度发展的价值观，消除了经济、社会、政治和技术的一切异化，促进交通运输与经济、社会、自然的和谐。总体来看，交通精神的凝练，要着重考虑以下几组辩证关系：

### （一）当前与长远

当前与长远的关系是矛盾的统一，是相互联系、相互影响、相辅相成的。当前交通运输发展取得的成就，可以为经济社会发展提供可靠的交通运输保障，并为交通运输事业长远发展奠定雄厚的物质基础。着眼长远发展，可以提升交通运输发展的统筹性和计划性，提高当前发展的综合效益。但如果只顾眼前而忽视长远，发展就会迷失方向，有限的资源、能源等发展所必须的条件就难以得到统筹运用，势必会影响长远发展的效果。交通运输发展把立足当前和着眼长远高度统一起来，把握发展的主动权，从而实现交通运输事业的全面、协调和可持续发展。

### （二）单向与多向

传统的交通运输发展以工业文明的价值理念为基础，倡导人类中心主义，具有明显的单向性，只把物质世界当作改造和征服的对象，“逢山开路、遇水架桥”体现了一代交通人豪迈的气概，但没有意识到生态环境的动态平衡和良性循环是生产力实现可持续发展极为重要的自然要素，忽视了对物质世界的保护和恢复。这种理念导致了人们局部与短期思维方式的形成，并造成了集体无意识破坏环境的行为，把人变成了单向度的经济人，崇尚发展就是经济增长，于是道路越修越多且越宽，运输速度与效率不断提高，造成了交通运输与公共资源（如土地、能源等）的紧张，也加剧着交通运输与环境的冲突。交通运输发展需要整体性的思维，克服从个体出发孤立思考问题的缺陷，促进交通运输发展从单向的功利性思维向多向的互利性思维转变，运用系统分析方法对交通的目标、功能、环境、变化规律及影响因素进行深入分析，进而选择实现交通运输与经济、社会、自然和谐发展的行动方案。

### （三）速度与效益

速度与效益是辩证统一的，对速度价值理念的单一追求必然把我们带入发展的陷阱，最后导致“我们的发展速度很快，但我们却迷失了方向”。从国家层面来看，我国经济社会发展经历了由单向追求发展速度向注重经济增长质量和经济增长方式转变，从“六五”计划开始，我国的经济计划中增加了社会发展的内容，计划的题目首次由“国民经济发展计划”改为“国民经济与社会发展计划”；“九五”计划明确提出“两个转变”，其中转变增长方式在中长期规划中首次被提出；“十五”计划要求把贯彻可持续发展战略提高到一个新的水平，更加重视生态建设、环境保护和经济的可持续发展。同样，在交通运输发展的过程中，如果缺乏统筹规划，把握不好速度与效益的辩证关系，势必会造成运力规模与发展需求不相适应，在短期内发展迅猛，甚至在局部地区出现过剩局面，也必将造成对资源环境条件的不合理开发和应用。因此，交通运输发展也要善于把握速度与效益的辩证统一关系，综合考量交通与经济、社会、自然的关系，从传统追求速度、效率的发展模式向追求环境生态平衡综合效益的发展模式转变。

## 三、遵循的价值取向

交通精神的核心内容是价值理念，包括价值选择与价值排序，又称价值取向。任何行业、组织或个人，其价值取向都具有多元性。交通精神的价值维度主要包括面向交通用户、社会公众和交通员工利益的价值取向。从这点来看，交通精神也可以说是交通业实现好、维护好、发展好用户利益、公众利益和员工利益的价值取向。把握价值理念的主要取向，要体现在价值理念的提炼与整合，以及价值体系的构建与表达之中。

### （一）面向社会公众的价值取向

凝练交通精神，务必要跳出交通运输行业的界限，将视野拓展到全社会。一方面，交通运输是基础性、先导性、服务性行业，履行社会责任、维护公众利益，是交通运输行业必须遵守的准则；更重要的是，交通精神的落地生根，在很大程度上需要广大社会公众的理解、认同和践行。交通精神必须将社会公众利益置于首位，交通运输事业的发展不能损害社会公众利益，不能片面追求自身的内部利益而忽视发展的外部成本。

### （二）面向交通属性的价值取向

交通精神是民族精神和时代精神在交通运输领域的具体实践，交通精神的形成与传播，必须以交通运输的基本属性为依托，围绕着人或物位移的实现，立足于用最小的成本、最低的损耗、最少的破坏去实现最大的效益。凝练形成交通精神，必须从交通运输业在国民经济发展和广大人民群众生产生活中的功能和地位出发，把握交通运输对于带动经济发展、提升商品价值、为人民群众提供便捷出行等方面的积极作用和影响。

### （三）面向生态发展的价值取向

交通运输业是污染排放、资源占用和消耗的大户，保护环境、实现可持续发展是交通运输发展的必由之路，也是交通精神形成与传播的主旨所在。因此，在凝练形成交通精神的过程中，必须要面向生态发展，将生态文明建设融入交通运输发展全过程的各方面中。

# 第二章　交通运输的属性与特征

交通运输业是交通精神产生并不断演进的丰润土壤，弄清交通运输的基本属性和特征，是开展交通精神研究探讨的前提和基础。从本质上来讲，交通运输解决的是人和货物的移动，以及围绕着这种移动所衍生出的各类服务。正是在这种服务中，交通精神逐渐产生并不断繁衍，形成了不同领域、不同组织的精神品质。

## 第一节　交通运输的本源及条件

交通运输是一个复杂的系统，既是经济社会发展的一个产业，又是服务社会的一项民生工程。因此，交通运输既具有作为一种产业的经济属性，又具有服务公众出行的社会属性。从不同的维度来分析，会得出不同的结论和观点。

### 一、交通运输产生的本源

从根本上说，满足人的出行需求、摆脱时空束缚是交通运输发展的本源。人类在组成社会、发展经济和文化的过程中不能缺少沟通交流，这种沟通交流的需求导致了交通运输行为的产生。交通运输之于人类，源远流长，人们所熟悉的“愚公移山”“五丁开道”“夸父逐日”的故事，都依稀透露出远古先民们发展交通运输事业的艰苦努力。从古老的独木桥到现代的跨江跨海大桥和隧道，从原始的独木舟到当今的远洋巨轮，从早期的马车到现代的汽车和火车，从明朝万户自制火箭飞天到如今的飞机和飞船，人类社会总是在不断突破时空限制，从未停止过对更快、更安全、更舒适出行的追求。人类这种摆脱时空束缚的出行需求是交通运输发展之本，是交通运输发展的源泉。

人类的出行需求具有层次性，而需求层次的不断变化与提升是交通运输发展的内在动力。按照马斯洛的需求层次理论，结合国内外学者的论点，人们出行需求层次如表1 所示。经济社会不断发展，各种出行方式的社会供给程度不断提高，是产生出行需求层次性的原因。同时，经济社会发展水平和条件也决定了人们对更高层次出行需求的满足程度。

**马斯洛需求层次理论在出行中的体现**　　表1

| 马斯洛的需求层次理论 | | | 出行要求 |
|---|---|---|---|
| 层次 | 体现 | 主要内容 | |
| 第一层次 | 生理需求 | 对吃、穿、住、行等最基本的生活需要 | 通达 |
| 第二层次 | 安全需求 | 包括对人身安全、生活稳定以及免遭痛苦、威胁或疾病等的需要 | 安全、可靠 |
| 第三层次 | 社交需求 | 包括对友谊、爱情以及隶属关系的需要 | 便利、快速 |
| 第四层次 | 尊重需求 | 既包括对成就或自我价值的个人感觉，也包括他人对自己的认可和尊重 | 舒适、多种选择 |
| 第五层次 | 自我实现的需求 | 最大程度发挥潜能，自由和创造的需要 | 自由、人性化与个性化 |

在人类社会对交通运输的需求不断发生变化和提升的过程中，旧的需求被满足，新的需求不断产生。从发展阶段来看，人类对出行的需求具有层次递进的趋势，总是朝着更快、更好、更舒适、更具选择性等方向发展。这种出行需求层次的不断变化与提升，成为交通运输由低级向高级持续发展的不竭动力。

## 二、交通运输发展的目的

交通运输发展源于人类的出行需求，因此必须围绕人类的出行需求，通过不断发展进步来满足人类持续变化和不断提升的需要和追求，这也是交通运输发展的根本目的。由于人的出行需求永无止境，决定了交通运输总是在发展中不断适应，即由不适应到适应，再由新的不适应到新的适应，由此，周而往复地力求满足经济社会不断发展进步的要求。交通运输行业承负这种责任就意味着永远面临挑战，永远处于满足人们日益增长的更高的需求的状态中。总之，人们对交通运输的新需求不断对原有的交通运输供给提出挑战，需求与供给的矛盾不断产生，又不断被交通运输新的发展所解决，交通运输行业也正是在这种不断解决交通运输需求与供给之间矛盾的过程中，从无到有、从小到大、从低级到高级，不断发展，永不停止。

从发展阶段来，历史阶段的差异造成不同阶段交通运输发展的目标存在差异。从世界交通运输发展史看，在前工业化时期，人们对交通运输的需求仅仅是能满足简单的物质交换需要；在工业化时期，在经济发展方面要求提供高速、长距离的大量运输能力，在个人出行自由方面，汽车起到决定的作用；而在后工业化时期，人们在安全、智能、环保等方面对交通运输提出了更新、更高的要求。交通运输需求的阶段性，决定了交通运输发展目标的阶段性，发展阶段不同，发展目标和发展重点也不同。

从区域交通发展看，地域的差异造成不同地区交通运输发展的目标也存在差异。根据区域经济学经典理论，交通运输是促进生产力与区域空间合理布局的物质基础。一方面，交通运输是区域经济发展的引致需求，交通运输的发展就是要满足区域经济活动引发的交通运输需求；另一方面，交通运输的发展又能促进区域经济发展。由于不同区域的经济发展水平不同，交通运输发展的目标和任务也不相同。社会经济发展落后地区，人们对交通运输出行的迫切需求首先是“可达、安全”；而社会经济发展先进地区，人们对交通运输出行的迫切需求转变为“安全、快速和便捷”。此外，由于各个区域的资源、资金、技术、人才等方面的禀赋条件不同，不同区域的自然资源和环境条件不同，处于同一发展阶段的不同区域，交通运输供给方式和供给水平也会不同，甚至会有比较大的差异，即交通运输发展的区域不平衡性。因而，交通运输发展显示出了明显的区域性特点，解决区域交通运输发展的不平衡问题，也是交通运输发展的重要导向。

## 三、交通运输发展的条件

交通运输是一个庞大的系统工程，其发展进步不会自发形成，需要交通运输系统内部具备完善的治理体系和能力，以及行业科技不断进步创新和从业人员艰苦奋斗锐意进取。同时，由于交通运输涉及面宽、参与度广，其发展进步又需要社会各个领域的广泛认同和支持。交通运输发展的内外部条件很多，几乎涉及经济社会发展的所有要素，这里仅列举几项重要的条件予以论述。

### （一）治理体系与能力

交通运输治理体系是一个涵盖经济、政治、文化、社会、生态文明和党的建设等各领域体制机制、法律法规、政策制度的综合性体系，解决的是“如何保障治理结构有效运转”的问题。实际上，交通运输治理体系既是促进交通运输公共产品和公共服务有效供给、推动交通运输自身发展的保障体系，又是融入国家层面的经济治理、政治治理、文化治理、社会治理、环境治理等各方面和全过程的治理活动。交通运输治理能力是使治理体系发挥作用并服务于交通运输实践，促进交通运输事业发展的能力，包括交通运输基础设施建养能力、运输服务供给能力、运用制度保障安全生产能力、绿色发展和生态修复能力、个性化交通运输需求的满足能力等方面。

相对于交通运输基础设施、运输装备、科技进步等硬实力而言，交通运输治理体系和治理能力属政府管理范畴，更多的是作为一种软实力而存在，体现的是政府部门管理交通运输公共事务的理念、方式及效果，是交通运输治理的制度体系和制度的执行能力，它以一种柔性的力量推动硬实力功能的拓展，从而使硬实力发挥更大的作用，在很大程度上直接决定着治理的效能、行业的进步以及外部的形象。

### （二）科技进步与创新

现代经济增长理论认为，经济增长的源泉除了资本积累和劳动力增加之外，技术进步被作为经济增长的一个重要的内生变量[1]。交通运输是经济发展和社会进步的重要基础，是技术技能革新应用的重要领域。从独木舟到风帆船，从藤溜索到石拱桥，从牲畜托运到多轮马拉，人类运输技术技能的提升与积淀，极大提高了人们摆脱时空束缚、拓展生产生活的能力和水平。可以说，科技创新贯穿于交通运输发展的各个领域、各个方面，在各种创新活动中，科技创新是基础，是引领，是推动交通生产力发展的主导力量，也是其他创新的重要手段。

科技创新带来的科技进步可以极大地促进交通发展质量、效率以及交通现代化水平的提高。在绵延5000多年的文明发展进程中，中华民族在造船、航海、架桥、制车等诸多方面，创造了闻名于世的交通运输科技成果。近200年来，现代交通运输的发展发生几次

[1] 孙福全，《如何理解科学发展》，载于《中国科技论坛》2008年第12期。

重大变革，其中很重要的原因也是由于科技进步导致新的运输方式出现。

### （三）从业人员素质水平

交通运输从业人员的整体素质水平是交通运输发展的根本力量。广大交通运输的建设者、管理者、参与者是交通运输发展的主体，他们的聪明才智和艰苦工作是交通运输发展的强大动力。正确的决策能否得到贯彻实施，创新性的技术成果能否得到有效的应用，交通运输能否在经济社会发展进步的大背景下同步发展，最终都取决于广大的交通运输从业人员的专业素养和艰苦奋斗、进取奉献精神。

### （四）外部参与和支持

交通运输是国民经济和社会发展的基础性、先导性产业和服务性行业，其参与者的广泛性，是其他公共事业所不能比拟的。交通运输提供的是面向全社会的基础设施和公益服务，它的发展一刻也离不开社会各界的积极参与和支持。良好的社会舆论和氛围能够为交通运输发展提供良好的发展环境，交通运输发展的战略、规划、政策和具体行动，都需要社会公众和各相关方面的支持、理解，交通运输发展的成果也需要社会各界的最终认可和接受。如果交通运输发展的过程和结果没有得到社会各界的广泛接受和充分支持，甚至在发展中引起社会的误解和抵触，让社会公众不满意甚至反对，将在很大程度上影响交通运输发展的速度和进程。

## 第二节 交通运输的主要属性

交通运输的主要属性包括基本属性和市场属性，其中基本属性是交通运输性质和特征的抽象与概括，市场属性则是解释交通运输发展规律的基础。由此可见，交通运输的主要属性反映了交通运输本质特征和内容，它揭示的是交通运输参与经济社会活动所扮演的最基本角色，因此交通运输的主要属性构成了交通运输影响经济活动的基础。

## 一、交通运输的基本属性

交通运输的基本属性揭示的是交通运输作为一种经济活动参与经济社会运行而具有的性质和特点，主要包括生产属性、产业属性和社会属性三个方面。

### （一）生产属性

衣食住行是人类的基本需求，而行的满足是通过交通运输来实现的。交通运输提供的是人和物的空间位移服务，因而提供这种服务是交通运输的生产属性，反映的是交通运输这种经济活动的目的，因而也成了交通运输最基础的属性。

从直接生产过程来看，生产所需的原材料的运输和半成品以及零部件在各个部门之间的流通都需要交通运输的支持。在生产过程中，运输劳动和其他的工人劳动共同参与了价值的创造，因此运输劳动是物质生产劳动；从流通过程来看，运输工人的劳动也参加了价值的创造。在运输劳动过程中，劳动对象和商品确实发生了某种变化，尽管其自身的性能没有发生改变，但是它的位置改变了，从而它的使用价值也发生了变化。在社会再生产的过程中，生产以运输为起点，又以运输为终点，而交通运输则是联系生产与消费的桥梁和纽带，贯穿于生产和流通的全过程。可以说，没有交通运输就不会有物质资料的生产和再生产，运输劳动和其他形式的生产劳动共同创造了全社会的物质财富。

### （二）产业属性

国家统计局在 1986 年已经把交通运输业的经济指标列入了第三产业。第三产业主要是由服务性活动组成，交通运输业被划在第三产业，当然也是着眼于它的服务性功能。例如：客运不仅为人们提供了生活服务，同时它也是劳动力在生产的一个组成部分（如出游）。同时，它和物质生产活动也有联系，货运中消费品的运输既是生产活动在流通过程中的延续，因而是生产服务，同时又是消费的前提条件，因而也是消费服务。因此，分析交通运输业的性质，应该从两个不同的角度分析，从所在社会领域的角度来分析，它是物质生产部门，从产业层次划分的角度来看，它属于第三产业。

交通运输业属于第三产业，属于服务性行业，服务性是其本质属性。当前，交通运输正在由传统产业向现代服务业快速发展，现代服务业主要指依赖于现代信息技术和现代管理技术而产生的服务业，其发达程度是衡量经济社会现代化水平的重要标志。现代服务业一般分为基础服务、公共服务、生产服务和消费服务，主要涉及交通、通信、公共管理、基础教育、金融、批发、餐饮、旅游等领域。其中，基础性服务既为生产提供服务也为消费提供服务，交通运输即属此类。交通运输是联系生产、流通和消费的纽带，既提供生产性服务也提供消费性服务，是我国现代服务业优先发展的重点领域之一。

同时，作为一个产业的交通运输，具有先导性。先导性是指交通条件可以引导产业合理布局和城镇建设规划布局。交通运输条件是区位条件的组成部分，是区位优势的体现形式，良好的交通条件可以引导产业合理布局和城镇空间合理布局，优化其空间布局。运输条件是产业区位选择和产业布局调整的重要影响因素，也是人口聚集、城镇发展、产业转移的重要影响因素，运输条件的改变往往直接导致产业布局和城市布局的形成与改变。

### （三）社会属性

交通运输是促进经济良性发展和社会全面进步的基础条件。在经济发展方面，经济活动的各个领域，无论资源开发、产品加工还是商品流通，实现产品和劳务的商品化，首先要解决的是设备、原料和能源的输入与产品的输出问题，这些都必须依靠良好的交通运输条件来实现，交通运输的持续、稳定和超前发展是国民经济保持持续、稳定和快速发展的先决条件，即所谓“经济发展，交通先行”。在社会发展方面，交通运输还是提高人们生活水平的基本条件，是巩固国防和维护社会稳定的基本保障。

从我国交通运输发展的实践来看，在任何阶段，交通运输都是国民经济的基础产业，对生产、流通、消费等各个环节有着广泛和重要的影响，是国家对外贸易、国土与资源开发、生产力与城镇布局、地区之间社会经济联系的必要条件，关系着经济竞争能力与国家安全，自古以来都是大国崛起的重要支撑，在实现中华民族伟大复兴的历史征程中承担着重要使命。公路、桥梁、港口、航道、机场、站场等公共设施和公共产品，直接承载着“人和物空间位置移动”的运输服务目标，为全社会物资流通和人员流动提供基本条件，发挥着支撑国民经济发展、引导生产力布局、沟通城乡、保障国家安全和社会稳定的重要作用。

## 二、交通运输的市场属性

交通运输业是一个矛盾的统一体，是一个既有垄断性又有竞争性，既有公益性又有经营性的产业，是垄断性与竞争性的统一，公益性与经营性的统一。长期以来，在交通运输业市场属性的认识上，国内外专家学者存在两种不同的理解，即对垄断化的倾斜和对竞争性的倾斜。人们在强调自然垄断的特性时，往往忽略了其竞争性的一面，没有看到在这一领域市场机制还可以发挥作用；而在找到能使市场机制发挥作用的办法后，又片面地认为一切垄断是坏的，所有竞争是好的，民营化及放松的政府管制就可以解决交通运输业长期存在的一切问题。在自然垄断理论占上风的时候，公益性被认为是理所当然的，而在推崇民营化、市场化时，似乎交通运输业的公益性又不存在了。

因此，在交通运输业的基本经济属性的认识上，我们应该坚持唯物辩证法的两点论，全面审视交通运输的市场属性。实际上，交通运输市场可以分为完全竞争的市场和不完全竞争的市场，在处理政府交通运输管理部门与市场的关系上，要在这个分类基础上，合理区分不同市场的不同特性，对于不同的市场，交通运输管理部门和市场各自的功能和定位不应趋同。

## 三、交通运输的外部性

与大多数产业一样，交通运输发展也是正外部性与负外部性并存，在对社会经济的发展具有巨大推动作用的同时，不可避免地对经济社会的发展有着负面的影响。交通运输的负外部性表现在，交通运输业的发展会促进相关地区的经济发展，它带来的利益会超过其发展需投入的成本。同时，交通运输发展的过程又会带来资源占用、环境污染、气候变化等问题，并且当交通运输拥挤超过一定程度，运输服务自身就不能以一种完全有效的方式提供给人们，这些方面带来了交通运输的外部成本。但是，交通运输业所产生的效益和成本并没有由交通运输自身承担，而是由全社会共同承担，这就使得交通运输业具有显著的外部特征。

例如，自现代汽车运输出现之后，公路交通事故就成为各国所面临最为严重的问题之一。据世界卫生组织提供的数据显示，全世界每年因道路交通事故死亡人数约有 125 万，相当于全球每天有

3500人因交通事故死亡，由此可见交通运输事故已成为一大社会公害。此外，交通运输对环境的影响很大。汽车运行所排放的废气中含有大量的氮氧化合物、一氧化碳等有毒物质，不仅污染空气，严重影响人类的身体健康，还会形成“温室效应”，致使气候改变，影响到人类的生存环境。汽车运行过程中产生的噪声，也影响了公路两边居民的生活质量。据测定，西方工业发达国家污染源的60%来自汽车。我国虽然还缺乏全面可靠的统计数据，但在人口密集、车辆集中的城市地区，汽车对环境所造成的污染已相当突出，越来越为人们所关注。

## 第三节　交通运输的主要特征

### 一、交通运输的产业特征

#### （一）基础性

交通运输的基础性，是指交通运输是促进经济良性发展和社会全面进步的基础条件。在经济发展方面，经济活动的各个领域，无论资源开发、产品加工还是商品流通，实现产品和劳务的商品化，首先要解决的是设备、原料和能源的输入与产品的输出问题，这些都必须依靠良好的交通运输条件来实现。交通运输的持续、稳定和超前发展是国民经济保持持续、稳定和快速发展的先决条件，即所谓“经济发展，交通先行”。在社会发展方面，交通运输还是提高人们生活水平的基本条件，是巩固国防和维护社会稳定的基本保障。

#### （二）先导性

交通运输的先导性，是指交通条件可以引导产业合理布局和城镇布局。交通条件是区位条件的组成部分，是区位优势的体现形式，良好的交通条件可以引导产业合理布局和城镇合理布局，优化其空间布局。运输条件是产业区位选择和产业布局调整的重要影响因素，也是人口聚集、城镇发展的重要影响因素，运输条件的改变往往直接导致产业布局和城市布局的形成与改变。

### （三）服务性

交通运输的服务性，是指客货运输业属于第三产业，是服务性行业，而且正向现代服务业快速发展。现代服务业主要指依赖于现代信息技术和现代管理技术而产生的服务业，其发达程度是衡量经济社会现代化水平的重要标志。现代服务业一般分为基础服务、公共服务、生产服务和消费服务，主要涉及交通、通信、公共管理、基础教育、金融、批发、餐饮、旅游等领域。其中，基础性服务既为生产提供服务也为消费提供服务，交通即属此类。交通是联系生产、流通和消费的纽带，既提供生产性服务也提供消费性服务，是我国现代服务业优先发展的重点领域之一。

## 二、交通运输的社会特征

### （一）服务的普遍性与特殊性

交通运输服务具有普遍性义务，也就是说一般交通运输服务是很难对于普通消费者进行排他性服务。例如其他产业中，往往可以对新产品制定较高的价格对消费者进行分类，但是许多高技术的交通运输业，却不能对不同消费者进行价格歧视。普遍服务使得交通运输业不但不能完全考虑收益而提供供给，还必须考虑大部分民众的承受能力。如果对交通运输价格或相关的价格进行调整时，通常会影响到许多人的利益，基本上需要遵循一定的公共选择的过程，是多方博弈的结果。

交通运输一方面提供的是普遍性服务，另一方面却需要为社会的各种需求单独考虑。现代社会中的军事交通运输就是交通运输特殊使用的例子。西方国家在工业革命前后进行的世界范围的殖民过程，也是与交通运输的特殊使用有关。世界历史上东印度公司就是通过掌握远洋交通运输工具，对亚洲国家进行殖民掠夺；近代中东铁路也是沙俄和日本对我国东北地区进行殖民扩张的工具；中国历史上的运河更是一个集交通运输、政治、金融等领域的综合体。这些都表明了交通运输不但具有服务的普遍性，而且在某些特定的历史时期也是各种政治、经济力量角逐博弈的重要领域和工具。

### （二）组织的时空性与复杂性

交通运输组织具有典型的时空特性，如前面的文献综述，交通运输业要求在时间和空间节点上要有很好的联结，在时间上要最大限度节约，协助提高全社会的资源使用效率；在空间上要兼顾不同区域内的交通运输需求的不同，协调与土地使用之间的矛盾。在一般产业的分析中，通常需要研究组织网络与生产网络之间的优化与匹配关系；而在交通运输业研究中却复杂很多，除了组织网络与运营网络的优化外，还要考虑组织网络与基础设施网络之间的优化，以及运营网络与基础设施网络的优化问题。

交通运输业复杂的组织安排，在国外经济学家看来，正是工业革命的开端。除了技术多样化和需求多样化带来的困难外，最为主要的就是交通运输行为的时空组织复杂性。交通运输组织研究的主要问题几乎囊括了产业经济网络中大部分研究问题，是产业组织研究中的标志性“样本”。比如，铁路作为在三个网络关系密切关联的典型产业，其改革发展路径也无非就是在这三个关系中权衡的结果。与经济学中一般的两难关系不同，交通运输业尤其是轨道交通运输业往往面临是“三难”的处境，或者是三个“两难”的权衡问题。

### （三）技术的先进性与多样性

交通运输产业的技术一直处于社会各工业门类中各类技术的领先位置。一方面，交通运输的技术具有先进性，即最先进技术的发明和改进都与交通运输有关；另一方面，在交通运输业中从技术层次最低的自行车领域一直到技术层次相对高级的航天飞机领域都承担相应的载运工作。交通运输业的复杂性主要体现在不同交通运输技术的交错使用，与许多产业不同的是，交通运输业不会因为一种技术先进，之前的技术方式就会被淘汰，即很多情况下不是“非此即彼”，而是多种技术方式存在竞争也存在合作，相互并存使用，提供既相同又不同的服务内容。因此，交通运输业不但是最先进技术的竞争领域，同时也是不同技术方式相互合作与竞争的领域。

陆路运输中有高速铁路、地铁等技术，同时也融入了各种通信技术、信号技术、载运技术。海运技术中的导航技术，如 GPS 技术等也都是当时最先进技术的使用。航空技术中大飞机、支线飞机等都是工业制造高技术的密集，同时也是社会具有大量需求的领域；航天技术更是各个国家高技术竞争的主战场，卫星、火箭技术，更为先进的还有如空间载人计划或登月计划等。

一般产业通常处于技术的不断升级与淘汰过程中，一旦新技术、新产品产生后，原来的产品和技术就会退出市场。而交通运输行业则不同，例如火车产生于两个世纪之前，但并没有如其他产业退出历史舞台，相反从内燃机到柴油机，再到电气化，信号系统业不断升级。这些使得交通运输经济研究具有更为复杂的特征。不断增加速度和空间领域的扩张，可以带来时间的节约。多种技术水平既合作又竞争的特征，则要求通过有机的组织协调才能有效提高整体交通运输的效率和水平。

## 三、交通运输的经济技术特征

交通运输是指劳动者使用运输工具和设备，实现人和物空间位移的有目的的生产活动。交通运输业是一个独立的、特殊的物质生产部门，是发展国民经济、提高人民物质文化生活水平的重要基础设施。交通运输具有物质生产的三个要素：从事交通运输生产的劳动者；线路、机场、码头、车站、机车、车辆、船舶、通信、信号等劳动资料；作为劳动对象的旅客或货物。在交通运输生产的三要素中，劳动者和劳动资料可由交通运输部门控制，但劳动对象即运送的旅客和货物，运输部门只是提供服务而不能自由支配，所以交通运输业虽然是一个物质生产部门，但还具有服务的功能。服务功能决定了运输安全在各种运输方式的协作配合、合作分工的条件下，要能安全、舒适、快捷地满足运输需求，以适应国民经济和社会发展的需要。

交通运输业的生产过程，是以一定的生产关系联系起来的具有劳动技能的人们使用劳动工具（如交通线路，车、船和飞机等运载工具及其他主要技术装备）和劳动对象（货物和旅客）进行生产，并创造产品（旅客、货物位移）的生产过程。交通运输业的产品，对旅客运输来说，是人的位移，并以运输的旅客人数（客运量）和人公里数（旅客周转量）为计算单位；对货物运输来说，是物的位移，并以运输的货物吨数（货运量）和吨公里数（货物周转量）为计算单位。交通运输业又是一个特殊的产业部门。作为生产单位外部的运输，它和其他产业部门在社会再生产中的地位、运输生产过程和产品的属性有很大区别，其主要特点为：

第一，运输生产是在流通过程中进行的，是为满足把产品从生产地运往下一个生产地或消费地的运输需要。因而，就整个社会生产过程来说，运输生产是在流通领域内继续进行的生产过程。

第二，运输生产过程不像工农业生产那样改变劳动对象的物理、化学性质和形态，而只改变运输对象（客、货）的空间位置，并不创造新的产品。对旅客来说，其产品直接被人们所消费；对货物运输来说，它把价值追加到被运输的货物身上。所以，在满足社会运输需要的条件下，多余的运输产品和运输支出，对社会是一种浪费。

第三，在运输生产过程中，劳动工具（运输工具）和劳动对象（客货）是同时运动的，它创造的产品（客、货在空间上的位移）不具有物质实体，并在运输生产过程中同时被消费掉。因此，运输产品既不能储备，也不能调拨，只有在运输能力上保有后备，才能满足运输量的波动和特殊的运输需要。

第四，人和物的运输过程往往要由几种运输方式共同完成，旅客旅行的起讫点、货物的始发地和终到地遍及全国。因此，必须有一个干支相连、互相衔接的交通运输网与之相适应。同时，运输业的生产场所分布在有运输联系的广阔的空间里，而不像工农业生产那样可以在比较有限的地区范围内完成它们的生产过程。由此可见，如何保证运输生产的连续性，以及根据运输需要，按方向、按分工形成综合运输服务，具有十分重要的意义。

第五，各种运输方式虽然使用不同的技术装备，具有不同的技术经济性能，但生产的是同一产品，对社会具有同样的效用。而其他产业部门如工农业生产部门，由于部门不同、工艺不同，其产品有很大差异。因此，这是交通运输生产的又一显著特征。

# 第三章　交通精神的历史演进

关于交通文化、交通文明、交通精神方面的研究探索，早已有之，多散见于历朝历代贤人志士留存的各类资料之中。限于本书的探讨主题及篇幅，本章仅在对我国交通发展历史进行简要分析的基础上，总结不同历史时期交通精神的优秀代表，以期更好地为下一阶段相关研究和实践提供有益借鉴。

## 第一节　我国古代的交通发展

我国古代交通源远流长，在历史发展的每一阶段，几乎都可以看到交通发展进步的轨迹，在流传的各类神话故事、古物古迹、民间传说中，都能依稀看到交通的影子。我国古代交通的起源和发展，理所当然地成为华夏文明的重要组成部分。

### 一、我国古代的道路交通发展

路是衡量一个国家政治昌盛、经济繁荣的重要尺度。自古以来，道路交通系统的完备与否，决定着国家的行政效能、军事能力和开放程度，也决定着国家经济、社会、文化发展的速度，以及人们生活水平的高低。道路是随着人类社会的发展而同步发展的。我国是一个历史悠久的文明古国，古代道路交通在几千年的进程中有着辉煌的成就。

战国时期，有一条著名的道路——褒斜栈道。这是中国历史上最古老的道路之一，在我国交通史上占有重要的地位。据《国语·晋语》记载："周幽王伐有褒"，这里的"褒"即指褒斜道南口。它沿褒斜古道北上，经留坝越分水岭再沿斜水直至眉县西南，全长235公里。虽然褒斜道早已通行，但直到战国时期，人们才对它进行了较大规模的修筑，并使之成为我国历史上重要的通道。尤其战国中期，秦惠王为了伐蜀，将之开凿成可以供军队通过的栈道。"栈道千里，通于蜀汉"，即是对当时栈道的生动写照。

秦在战国时非常重视道路建设，长平之战即能说明。长平之战是《史记》中唯一一场记载比较详细的战役。公元前260年，秦军和赵军在长平决战。根据司马迁的记载，就在长平山谷，秦军投入了60万左右的兵力。长平离秦国的都城咸阳将近500公里。2000多年前，一支60万人的军队远离后勤基地，连续作战，要保障源源不断的后勤供应，就需要道路畅通。由此可以证明，秦国当时的道路交通已相当发达。

我国在历史上对外的大规模交往，是从汉代对匈奴的征战开始的。在对匈奴进行大规模用兵之前，汉武帝曾派张骞出使西域，一方面是为了说服大月氏等国，结成反匈奴同盟；另一方面就是为了了解西域的情况，为作战进行准备。张骞出使西域，西汉征服南匈奴、迫使北匈奴西迁，"凿空"了被匈奴中断的对外交通的通道，为丝绸之路的开辟和繁荣发展奠定了基础。

到了唐代，进一步加强了对北部、西部的控制，使对外陆路交通发展到中国古代的一个高峰，形成了汉代以来空前的盛况。唐以前，北方匈奴、鲜卑、柔然和突厥等的不断南下和西迁，相互间争夺和混战，使丝绸之路遭到冲击和破坏。唐朝的统一战争，改变了这一局面。贞观年间，唐王朝通过西征，击败东突厥，臣服西突厥，扫除了高昌、焉耆、龟兹等地的政权，在西域设立安西都护府（640年），进而又完成了对漠北的掌控。武则天时继续以战争安定西域等边塞，并在西域天山以北设置北庭都护府（702年）。在对吐蕃和南诏、靺鞨的战争中，唐王朝又使丝绸之路向南向东北扩展。这样，唐朝对外的联系大大加强，北路经今蒙古地区到叶尼塞河、鄂毕河上游，往西达额尔齐斯河流域以西地区；西路经河西走廊，出玉门关西行，在新疆境内有三条路可通向中亚、西亚和南亚地区；西南路则从蜀郡（今四川）经吐蕃到达尼泊尔和印度一带，或经南诏、缅甸到印度一带；往东则过河北、辽东可达朝鲜半岛。张籍在《凉州词》中吟唱："无数铃声遥过碛，应驮白练到安西。"这正是唐时丝绸之路发达状况的生动写照。

在中国道路建设史上，元代首开军队介入道路建设之先河。军队以其高度的组织性和纪律性，在突击修建战时道路和抢险救灾中具有其他任何组织都无法比拟的优势和作用。1326年，元王朝派兵修筑长城要塞野狐岭（今河北省张北县南）的道路，作为元大都（今北京）通往蒙古高原的重要通道。以往历代修筑的长城，旨在防止北方游牧民族的袭扰、劫掠。对于元代统治者来说，它不仅显得多余，而且影响南北交通。因此，元王朝把这些要塞和关隘尽数拆除，由军队修成道路。虽然以往历朝历代也有军队修路的记录，但大部分筑路军队中都混杂有民夫。单纯由军队士卒修路并且修建非军事道路这是第一次。同时，在元代主要道路干线，还设有"巡防弓手"，作为保护过往商旅和传递军政命令的驿夫。

陆路交通畅通使蒙古铁骑纵横驰骋，所向披靡，不仅恢复了昔日唐代陆上丝绸之路的辉煌，而且又有了新的发展。元代三次有名的西征——成吉思汗西征、拔都西征、旭烈兀西征，开辟了东西方的漫漫通道，使得中亚、西亚和欧洲连接起来。尤其是从哈拉和林直通欧洲的大道，形成了经东亚、西亚，向北穿越俄国南部，南面横贯波斯，向西直达欧洲的干线。根据李志常《长春真人西游记》记载，金山（阿尔泰山）一带，“其山高大，深谷长坂，车不可行。三太子（窝阔台）出军，始辟其路”。而在天池以南之路更是常为水淹没，并蜿蜒盘旋，极为不便，察合台在西征中“始凿石理道，刊木为四十八条，桥可并车”。由此可见，元朝大规模的开疆拓土的战争对交通路线的开辟是卓有成效的。

明王朝为了维护有效统治，保证首都北京的安全，沿燕山、大马群山等山脉和毛乌素、腾格里等沙漠南缘，东起鸭绿江，西止嘉峪关，修筑了包有辽河平原和河西走廊的万里长城，当时叫做边墙，进行防御。边墙有大边二边之分，长城有内外之别，有的地方甚至修筑了三道。各道长城间的距离少者南北数里，多者数十里甚至数百里。在长城沿线及其内外，又建造了一系列大小堡寨、烽燧、墩台，挖沟铲崖，修筑道路，构成了一套设备完善的纵深军事防御体系，同时也是一个系统的军事交通网络。

清王朝是我国最后一个大一统的王朝，直接奠定了近代中国的版图。清朝对边塞的有效管理是历史上所无法比拟的，重要原因之一是建立起了通达全国的官马大道。清代官马大道是国家级的道路，以北京为中心，在京师东华门外设皇华驿，作为全国交通的总枢纽，向全国各省区辐射。官马大道为清王朝提供了良好的交通基础条件，使其强大的军事能力得以充分展示。后来清王朝能顺利地平定三藩之乱和准噶尔叛乱，维护国家统一，都与畅通发达的官马大道直接相关。

## 二、我国古代的航海发展

我国的航海历史极为悠久，航海文明萌芽，起码可以追溯到遥远的新石器时代。根据航海活动的能力与条件（如航海规模、航海工具、航海区域、航海技术、航海性质等）的演变态势，可以将中国古代航海史分为“蒙昧”“起步”“形成”“发展”“平徊”“繁荣”“全盛”“顶峰”和“中衰”等历史时期。这九个航海历史时期的形成与变化，充分反映了中国古代航海事业与整个社会经济基础与上层建筑的内在辩证关系。

我国最初的原始航海活动，据有关远古神话传说与文物探析，很可能在旧石器时代的晚期就已开始萌芽。从北京周口店龙骨山山顶洞遗址中发现的一系列海洋生物骨骼与贝壳的物证，以及古籍《淮南子·物原》中有关“燧人氏以匏（葫芦）济水，伏羲氏始乘桴（筏)”的传说记载来看，距今约一万多年之前的以渔猎为生的原始祖先不但已开始与海洋发生了接触，而且已能用植物蔓茎捆扎树干或竹子以进行短距离的海上漂浮了。这些原始的航海活动，基本上是盲目和被动的，动因基本上是为了维持和繁衍生命，目标是非预期的，航海工具与航海技术极其低下，成功率是非常微弱的。因此，我们将之称为航海的蒙昧时期。

夏、商、周时期，随着社会生产力的发展与青铜生产技术的出现与成熟，木板船与风帆产生了。从此，有目的、有计划、有组织的较大规模的航海活动开始出现。以物资运输、人员迁徙、文化传播、外交往来为主要内容的航海行为与日俱增。

到了春秋战国时期，生产力与生产技术得到了进一步提高。随着生铁生产技术与铁制工具的出现，木板船结构渐趋复杂，吨位日益增大。航海不但被应用于进行大规模的运输，而且已被应用于进行大规模的海上作战和对远方水域的探险。与此同时，远古时代的航海技术经过长期的实践与积累，已开始在天文定向、地文定位、海洋气象等方面初具雏形。人们在海洋上航行已经具备了基本的物质和技术条件，中国航海业至此已告形成。

秦汉时期，我国中央集权的国家开始形成和发展，社会生产力有了长足的进步，造船技术和航海技术相应得到提高。随着近海与远洋船只趋向大型化和先进的控制航向的设备尾舵的出现，以及对所途经海域季风规律的认识和掉戗驶风技术的掌握，中国古代航海进入了蓬勃向上的发展时期。不但中国沿海全线畅通无阻，而且出现了秦人徐福船队远航日本，以及西汉远洋船队驶出马六甲海峡到达印度半岛南段的航海壮举，并在此基础上形成了我国历史上第一条印度洋远洋航线——“海上丝绸之路”。

三国、两晋、南北朝时期，由于国内政局动荡、军事纷争，经济发展受到影响，航海也失去了大幅上升势头，处于一个相对平缓的发展时期。但是，在某些时期与某些地区仍有重要突破。例如，三国时期的吴国，航海规模相当庞大，航海范围相当广阔，具有代表性的是孙权与辽东半岛公孙氏的海上交往，卫温、诸葛直船队浮海到达夷洲（台湾），聂友、陆凯船队的珠崖（海南岛）之行，以及朱应、康泰船队的南洋远航。又如，东晋时期，孙恩、卢循所领导的海上大起义，著名的法显和尚从印度洋航海归国。再如，南朝时期中日之间北路南线航路的开辟，以及中国远洋海船越过印度半岛，抵达波斯湾和慧深和尚远航墨西哥的传说等。

隋唐时期，我国中央集权制进入鼎盛期。特别是唐代，社会生产力急速发展，科技文化全面繁荣，对外交往十分频繁。这一切推动着中国古代航海事业进入了繁荣时期。当时，中国海船建造工艺技术先进，船舶结构坚固精良，载重吨位大，无论在近海与远洋航行方面均独步于世界航海界。在北方航路上，与渤海国、朝鲜半岛、日本列岛的交往非常频繁，并开辟了西北太平洋上的堪察加与库页岛航线和横越东海的中日南路快速航线；在南洋与印度洋航路上，“海上丝绸之路”全面兴旺，航迹不但遍及东南亚、南亚、阿拉伯湾与波斯湾沿岸，而且已伸展至红海与东非海岸，开辟了直接沟通亚非两洲的长达1万多海里的世界性远洋航线。与之同时，在国内外航海活动的大力推动下，从唐代中后期开始，航海政策发生了重大改革，航海活动的经济价值得到了重视，出现了专门管理海外航运贸易的官吏与机构，国内的胶州、广州、泉州、扬州、登州等也成为当时名闻海内外的航海贸易大港。唐朝之后，中国曾经历了半个世纪的五代十国动乱。虽然在此短暂的期间内，中原地区军阀混战，北方的生产力遭到很大破坏，但是偏隅东南沿海的一些地方政权（如南汉、闽、吴越等）却较为平稳，生产继续发展，航海活动相当活跃，沿海航远活动以及与南洋、日本方面的海上交往有增无减。

到了宋元时期，中国传统的航海事业很快就恢复全面上升的势头，进入长期活跃的全盛时期。在这一时期中，中央政府力主实施积极的航海贸易政策，将航海事业与整个国民经济密切联系在一起。与此同时，航海工具，特别是航海技术取得了具有世界意义的重大突破。以罗盘导航、天文定位与航迹推算为标志，中国的航海技术比西方领先两三个世纪进入“定量航海”阶段。中国的古代航海业突飞猛进，活动范围空前扩大，舟帆所及几达西太平洋与北印度洋全部海岸，与朝鲜半岛、日本列岛、东南亚、南亚、西亚、东非、北非等广大区域的海上交通十分繁忙。中国远洋船队达到了“虽天际穷发不毛之地，无不可通之理焉”的高超境界。仅据元代大航海家汪大渊所撰的《岛夷志略》介绍，当时中国远洋船队就已与约120个亚非国家与地区建立了海上贸易关系。同时，在国内近海航行方面，与国家命运相关的北洋漕运航线也得到了重大的改进和完善。在国内外航海贸易的基础上，国内各主要海港日益发展，走向繁华。著名的刺桐港（今福建省的泉州港）成为当时世界上最大的国际贸易海港之一。

从15世纪开始，整个世界历史格局开始发生改变，尤其是欧洲的大航海时代的到来，促进了各大洲之间的沟通，成形了众多的新的海上贸易战线，促使西欧资本主义的崛起，并开始迈向超越亚洲的征程。在渐趋保守和没落的明朝统治下，宋元时期的航海贸易政策遭到否定，代之以中央政府直接控制的“航海”政策。与此同时，对民间私人航海贸易活动也开始采取严厉的海禁政策。不过，在明永乐至宣德年间，在国力强盛、经济富裕的物质基础上，在宋元丰富航海遗产和历史惯性的有力推动下，明代统治者出于巩固自身统治、扩大政权影响、满足物质享受的需要，曾集中举国资财，先后派遣郑和率领当时世界上最庞大的官方远洋船队七下西洋，遍访亚非各国，将中国古代航海事业推进到前所未有的巅峰。

郑和七下西洋，堪称世界航海史上的宏勋伟绩。郑和船队规模之大、“宝船”之巨、航迹之广、航技之高，在15世纪是世界上无与伦比的。郑和船队七下西洋，集中体现了古代中国人在航海活动领域中所取得的光辉成就。在中国古代航海史的全部演变轨迹中，它既是上升趋势的最终一点，也是下降趋势的最初一点。郑和作为中国历史上最伟大的航海家，以他一生无愧的努力和英勇的奋斗而彪炳史册。但同时，明初中央政府在郑和下西洋时期所制定的专制主义航海政策及“厚往薄来”的贸易政策，却终于导致了富有悠久历史和优良传统的中国古代航海事业的发展势头戛然而止，并逐渐由盛转衰，悄然失去了在世界航海界的领先地位。

在航海事业方面，明清两代除了进行官方漕运等有限的活动外，对海外的航运活动则基本上采取了闭关锁国的海禁政策，即使间或有暂时的“开放”，也是伴以各种严厉的限制措施，致使中国原本先进的航海业进退维谷，逐渐陷于被动。

辛亥革命后，我国航海事业虽有所发展，但进步极为缓慢。抗战胜利后，国民政府通过接收日伪船只和购买美国的剩余船只，增加了商船吨位。民营轮船业也一度得到转机，建立了江海船队。但是国民政府并不思重建家园，很快在全国发动了内战，这些船队也就完全成了进行内战和经济掠夺的工具。我国近代航运业的发展势头也便昙花一现，转瞬即逝。

## 第二节　我国交通文化的主要资源

所谓文化资源，就是人类从事一切物质文化创造和精神文化创造的源泉。而交通文化资源，就是交通运输行业在其文化体系的构建中的一切文化资料来源。文化资源是交通运输行业的自身资源。在研究中我们对其进行的是一种科学自觉的开发，对交通运输行业文化的外部资源、内部资源进行全面系统的梳理和盘点，更好地进行文化资源开发和文化资源评估，目的是在今后的交通运输行业文化建设中避免盲目性，进而塑造出内涵丰富和更有特色的交通精神和交通文化。

## 一、交通文化的外部资源

交通文化的外部资源是交通文化长期以来汲取营养的源泉。在交通运输行业文化外部资源中，主要包括民族文化资源、地域文化资源、社会文化资源、政治文化资源、经济文化资源和国际文化资源等。

### （一）民族文化资源

中华民族五千年文明史源远流长，传统文化博大精深，文学艺术百花齐放，诸子思想百家争鸣，在嬗变中不断强大，在传承中日益丰富。它是中华民族的“灵魂”所在。众多传统的民族思想文化精华，既是组织文化建设的土壤，又是一座巨大的资源宝库，溶解于社会不同的地域空间和各行各业，为交通文化提供了取之不尽、用之不竭的养分。在交通文化资源的整合中，勤劳、爱国、自强、孝敬父母、尊老爱幼、遵纪守法等中华民族的优良传统文化是永远值得继承和发扬的。

如交通人的善良禀性和乐于助人精神，来源于中华民族儒家文化的“仁爱”；交通人的团结精神和“路相通、心相连，天下交通一家人”的思想，源于中华民族“和”文化的影响和传承。

### （二）地域文化资源

地域文化是一个地方的人们在长期生产生活过程中积累起来的文化成果，囊括了风土人情、亲缘血缘、生活习俗、伦理信仰等诸多内容。地域文化作为扩大地方知名度、促进地方经济发展、增加物质财富的重要手段，有着凝聚人心和振奋精神的无形功用。通过深入挖掘、开发、宣传和利用地域文化，可以为交通文化的整合与推进开辟新的路径。同时，具有地域特色的优秀文化也是构建和谐交通运输行业的重要资源。如博大精深的中原文化、底蕴厚重的湖湘文化、开阔恢宏的荆楚文化、开放融合的岭南文化、温润灵动的吴越文化、灿烂多元的西域文化等，都是各具特色的地域文化。这些地域文化对当地交通文化产生了极大影响，形成了各具特色的交通文化性格。如江苏交通文化深受“春风十里扬州路”的人文熏陶，表现出温和而细腻的特点；新疆交通文化深受“平沙莽莽黄入天”的地域影响，表现出豪迈而粗犷的特点。

### （三）社会文化资源

社会文化包罗万象，涵盖了社会理想、道德规范、伦理价值、文学艺术、科技教育、宗教哲学等浩瀚无边的文化元素。交通文化是一种组织文化，作为社会文化的一部分，不可避免地受到社会文化的影响。每一个时代的文化都必然带有这个时代的一些明显特征，随着社会的不断发展而不断演进。每一时期的社会文化都对交通文化产生过重大的影响。在新中国社会主义建设时期，统一的社会价值观使交通运输行业的全体职工把本职工作和社会主义的美好前景紧密地联系在一起。他们发扬“愚公移山”的精神，战天斗地，以业为家，埋头苦干，甘当“铺路石”，把个人的精力和智慧都倾注在交通运输事业的实践中。

### （四）政治文化资源

政治文化是围绕社会政治、人们的政治行为和政治活动过程的一种主观意识与社会心理反映。政治文化资源包含了社会主流意识、认知、态度、心理、观念、道德、信仰、价值观等方面的内容。在今天的政治文化当中，政府作为公共资源的守护者和公共利益的代言人，提供人民群众所需的公共交通服务。而作为服务行业的交通运输业具有公共性质，遵循政府所倡导的公共性、服务性理念是交通运输发展的应有之义。

### （五）经济文化资源

经济文化资源在这里是指因经济制度而形成的文化要素。经济制度主要包含两方面：一是指财产制度，二是指资源配置方式。特定的经济制度形成了特定的文化资源。交通运输业作为一个特殊的传统行业，在研究建设交通文化过程中，一定要从经济制度的形成演进及其背后的原因方面把握其经济文化的资源。

### （六）国际文化资源

国外现代交通运输经过数百年发展，取得了显著的成就，积累了丰富的经验。20 世纪 60 年代以来，一些典型发达国家（比如英国、德国、美国、日本、新加坡等）的交通运输事业发展较快，交通基础设施建设突飞猛进，在交通文化方面也形成了系统化的价值理念和制度体系。尤其是进入 21 世纪后，发达国家又相继制定了一系列旨在促进交通发展的新战略、新政策，形成了一些重要的新理念、新思想、新认识，对我国交通文化建设具有一定的参考和借鉴意义。

国际文化资源，主要是指从发达国家引进的文化资源。改革开放以来，特别是我国加入世界贸易组织以后，国外文化资本和文化理念、文化服务等大量进入国内，已是不争的事实。较过去相比，它不仅有量的扩充，而且有质的变化，对我们的社会主义价值观、优秀的文化传统、生活习惯，对政府的管理职能和管理方式，对我国组织文化、行业哲学、价值伦理等方面所带来的影响和挑战，既是现实的又是深远的。

在当今我国的组织文化建设中，国际文化资源通过与本国文化资源的“联姻”“嫁接”和交融、孕育，已形成了具有中国特色的思想文化资源，包括创新精神、团队精神、竞争意识、效率意识、公平理念、管理理念、质量观念、环保观念等。我们可以从国际相关行业获得这方面的启示与借鉴，例如，美国运输部提出的“顾客至上、多样化、职业化、尊重他人、团结协作、业绩优良”的价值观；日本国土交通部提出的“发展安全、可靠、舒适且无障碍的交通”的愿景；欧盟交通部提出的“以人为本，用户至上，安全第一”的价值观等。

## 二、交通文化的内部资源

如果说交通运输行业的外部文化资源作为交通文化的外在环境、外在因素的话，那么交通文化的内部资源就是指生成交通文化的内在环境和内部因素。从哲学的角度来分析，外因是事物存在和变化的条件，而内因是事物存在和变化的根据，外因必须通过内因才能起作用。在研究交通运输行业文化资源的过程中，应该把内部因素作为研究重点，系统梳理和整合交通运输行业的历史沿革、体制改革、重大事件、运行机制、战略规划、愿景目标、人文氛围等内容。

交通运输行业的文化内部资源能够准确反映交通文化的一般面貌和具体特征，是交通文化的基本支撑，也是我们评估交通文化的主要依据。从系统构成上讲，它包括行业历史文化资源、行业精神文化资源、行业行为文化资源、行业制度文化资源和行业物质文化资源。

### （一）交通运输行业的历史文化资源

我们知道，包括组织文化在内，每一种文化的形成都不是空穴来风，而是一个漫长的积淀和传承的过程。行业无论大小，无论强弱，都有其诞生的历史、发展的沿革、理念的演变和文化的传承。作为传统行业的交通行业，其文化也明显带有历史的印记。以至于在交通运输行业价值、发展理念、行业伦理、精神风貌、体制机制等方面都有不同程度的“陈迹”。比如默默无闻的“铺路石”精神、“修路积德，造桥谋福”的道德承担和“阡陌相通”的使命追求等。

## （二）交通运输行业的精神文化资源

交通运输行业经过长期的积累、沉淀、扬弃、传承和创新，形成了丰富饱满、可感可知的文化资源，包含了交通运输行业的核心价值观、行业使命、行业愿景和行业精神的所有内容。比如我们耳熟能详的有：默默无闻的“铺路石”精神，“逢山开路、遇水架桥”“化荆棘为坦途、变坎坷为大道”的开路先锋精神，“人在路上、路在心上、以路为业、以道班为家”的敬业爱岗精神，“纵平横铺、勇于开拓、筑路不止、创新不断”的一路领先精神。

## （三）交通运输行业的行为文化资源

精神文化需要付诸实践，而实践要以行为来体现。这个行为既指组织的运作行为，也指职工的道德行为。多年来，交通运输行业在其实践中产生、积累、沉淀了很多实践经验、行为准则、道德操守，形成了丰富的资源。交通运输行业在服务社会、服务公众中的大量实践和行为，就是交通运输行业行为文化的宝贵财富。

## （四）交通运输行业的制度文化资源

孟子曰：“不以规矩，不能成方圆。”任何一个行业没有制度的规范就会成为一盘散沙。从组织文化的视角来看，制度文化是一个组织为了实现自身目标而对职工的行为进行规范和制约的文化。它是保障企业正常经营、协调各方面关系、保证团结协作、调动各方面积极性和创造性、制约各种消极因素和越轨行为的必要手段。

交通运输行业具有点多、线长、面广的特点，其制度文化建设的过程是一个信仰、道德、理念、规则和行为不断强化和固化的过程。交通运输行业在不同的历史时期，都致力于形成一套完善、适用和规范的行业制度体系。交通运输行业的制度体系涵盖了勘察、设计、施工、生产、养护、经营、收费等各个领域和环节。挖掘和整合交通运输行业制度文化资源的一个重要任务，就是从文化的视角，运用文化管理学的体系和观点分析和解读交通运输相关的法律法规和制度。

### （五）交通运输行业的物质文化资源

今天我们有幸看到的古代交通历史文化遗迹，蕴涵了曾经领先世界的技术及先进理念，比如秦直道、赵州桥、卢沟桥等。今天四通八达、日新月异的高速公路和领先于世界的桥梁技术，已经成为体现我国科技和经济实力的重要载体。“要想富，先修路。”在我国交通运输几十年快速发展的过程中，这种理念创造了巨大的物质财富，极大地充实了交通运输行业的物质文化资源。通过丰厚的交通物质文化资源，彰显了交通运输行业的创造智慧和文化影响。

交通运输行业的物质文化中还包含有环境文化的要素，主要是指交通运输行业广大从业人员的生活环境和工作环境。交通运输业干部职工的生活环境包括日常居住、休息消费、读书学习、看病就医、文体娱乐等客观条件和服务设施。交通运输业干部职工的工作环境是指交通运输部门的办公设施、交通工具、福利待遇、机制氛围、信息网络等基本情况。交通运输行业的环境文化资源对于职工的生活的健康、人格的完善和心理的认同等都会产生直接的影响。

# 第三节　我国古代优秀交通精神

在我国交通建设发展的历史长河中，涌现了一大批反映交通运输从业者精神风貌的优秀成果。这些成果成为从业者们实现个人价值、取得交通运输发展成就的内心需求和精神支柱。而这种精神正是交通文化发展和社会进步的重要条件之一。这里仅选取少量具有代表性的交通精神成果，以点代面展现我国古代交通在长期发展中形成的从业者精神品质的整体风貌。

## （一）自强不息、顽强拼搏的民族精神

交通精神是民族精神和时代精神在交通运输实践中的生动体现。在我国古代交通发展的历史上，处处体现了中华民族自强不息、顽强拼搏的民族精神。这种精神是中华民族几千年来熔铸成的民族精神，也是使中华民族历经沧桑而不衰，历经磨难却更加坚强、豪迈地屹立于世界民族之林的根本所在。在汉代，张骞两次出使西域，前后长达十余年，对西域的地理、交通等情况做了详细的了解，帮助汉王朝打通了被匈奴中断的对外交通的通道，为丝绸之路的开辟和繁荣发展奠定了基础。《史记・大宛列传》《汉书・西域传》等根据张骞向汉武帝的汇报材料，详细地记载了当时通往西域的交通线及其起讫点、交汇点。

## （二）通济利涉、造福于民的民本精神

交通运输是社会发展的基础和先导，历朝历代都注重交通基础设施建设，修路架桥也逐渐成了人们的一种自觉，以至人们把这种造福自己和子孙的行为总结成一种美德——积德行善。交通运输的

发展，一方面带动了经济社会发展，另一方面又极大地方便了百姓的生活。交通给百姓带来的实惠，是以民为本思想的具体体现。由于商品交换的发达及经济的发展，我国古代自春秋战国时期出现了许多“万家之邑”的大都市。城市一般都建在交通线上，有利于城乡物资的交流，促进了经济的发展。随着城市经济的发展和繁荣，本着为百姓提供通行便利、促进经济文化交流的目的，当权者也加快了道路及水路航道的改进和修善，形成以大都市为中心、向四面八方辐射的交通网。

如秦在全国范围内统一修建的驰道，加上度量衡的统一，使得全国的经济交流成为可能。

再如，汉武帝时期，连年战争加之水灾，国库空虚，一些商贾趁机垄断财货，操纵贫民生计，动辄数百辆车搬有运无，买贱卖贵，囤积居奇。汉武帝果断采用桑弘羊的主张，采取“均输”等一系列的经济政策，快速抑制了商贾的投机活动，打击了商贾操纵市场的不法行为。“均输”即是早期的官办长途货物运输。

### （三）大道之行、天下为公的公益精神

交通发展过程中所体现出的功在社会、利于天下的思想，与中国传统文化一脉相承。西汉礼学家戴圣在其所著《礼记·礼运》中伪托孔子提出“大道之行也，天下为公”的思想。我国大运河的修建，客观上就起到了繁荣经济、促进交流的效果，也反映了修建者泽及后人的公益精神。从先秦时期到南北朝时期，中国古代劳动人民开凿了大量运河，其分布地区几乎遍及大半个中国，西到关中，南达广东，北到华北大平原。，这些人工运河与天然河流连接起来，可驾船经河道到达中国的大部分地区。四通八达的水道为后世城市和经济发展奠定了基础。

辛亥革命时期，孙中山先生不仅提出了“天下公为”的精神追求，而且提出了“道路者，实业之母也，财富之脉也”的发展理念。中国共产党的挚友、著名的社会活动家、道路市政工程专家、中国公路泰斗赵祖康一生都致力于“交通救国”的实践。1934—1937 年，中国桥梁泰斗茅以升主持建成我国自己设计、自行施工的第一座现代化铁路公路两用大桥——杭州钱塘江大桥，树立了中国桥梁史上的丰碑，也奠定了其中国现代桥梁奠基人的地位，为中华民族争了光。

### （四）不畏艰险、知难而进的开拓精神

交通运输发展是人类诸多社会行为中的先行行为。所谓先行，即要开辟世人尚未到达的地方，并在此开展与交通相关的活动。因此，艰险、困难甚至牺牲是交通运输从业人员所面临的经常之事。也正因为如此，交通运输发展的历史就是历代交通人不畏艰险、克服困难的奋斗史。明代郑和七下西洋，克服重重艰难险阻，经过南海，横越印度洋，访问亚非诸国和地区，最远到达东非索马里和肯尼亚一带，打通了由我国横渡印度洋到波斯湾、阿拉伯海、红海及东南非洲的航路，在亚洲和非洲之间建立了广泛的海上国际交通网路，并成为地理大发现的先导。航海家郑和一生的追求，归结起来就是不畏艰险、勇于开拓、和平友好、科学航海的精神。

### （五）众志成城、团结协作的团队精神

我国历史上的大规模的交通工程建设，都是众多参与者团结协作的结果。团队协作精神，直接决定着一项事业是否具有凝聚力，是否充满活力和能否健康发展。交通运输是一个大行业，大行业需要大队伍，大队伍需要大团结。团队就是要讲团结，讲大局，具有

协同意识，凝心聚力，紧密协作，把千军万马组成一个和谐的整体。交通建设所涉及到的勘察、施工、养护等都是相对独立而又需要相互配合的。通过不同环节的参与者同心协力、和衷共济、相互信任、坦诚相待，形成良性友好的团队机制，进而形成强大的合力，是不断推动交通事业向前发展的前提条件。

# 第四章　交通精神的现代发展

新中国成立以后，尤其是改革开放以来，我国交通运输事业得到突飞猛进的发展，成为名副其实的交通大国，正在向交通强国迈进。伴随着交通运输事业的快速发展，在政府主导下，有体系、成系统的交通文化建设也受到各系统、各单位的重视，并从中衍生出众多反映交通特色和时代特征的交通精神。

## 第一节　新中国成立以来交通发展的主要历程

新中国成立伊始，百废待兴。当时，交通需求难以得到满足，交通不便是普遍现象，在大城市，黄包车、自行车仍然是比较普遍的代步工具，而在一般的中小城市，仅有少量的自行车和人力车。在农村，北方有马车、人力板车，南方有航船、牛车，步行则是最普遍的出行方式。“一五”计划期间，国家兴建宝成铁路、鹰厦铁路，将新藏、青藏、川藏公路修到“世界屋脊”，密切了祖国内地同边疆的联系，也便利了经济文化的交流。1957 年，武汉长江大桥建成，连接了长江南北的交通。改革开放初期，交通运输仍然是国民经济中的一个突出的薄弱环节，外贸运输、能源运输、农村运输、旅客运输都不能适应客观需求。

20 世纪 80 年代初，原交通部提出“有河大家行船、有路大家走车”，打破了所有制单一、封闭的交通运输经济格局，积极探索推进交通筹融资的社会化，推动了社会办交通的热潮，对交通改革开放，加快发展起到了催化作用。1989 年全国交通工作会议上，原交通部提出了建设“三主一支持”的战略构想，即从“八五”开始，用几个五年计划的时间，在发展以综合运输体系为主轴的交通发展总方针的指导下，建设公路主骨架、水运主通道、港站主枢纽和交通支持保障系统，以适应国民经济和社会发展的需要。

进入 20 世纪 90 年代，原交通部采取有效措施，狠抓项目前期工作，特别是抓住 1997 年亚洲金融危机的机遇，按照党中央、国务院采取扩大内需的方针，实施积极的财政政策，加大以公路为重点的交通基础设施建设投入，大力推进“三主一支持”发展规划的实施，使交通基础设施建设特别是高速公路建设进入了快速发展时期。从 1998 年开始，全社会交通基础设施建设投资保持了近 10 年的快速增长，推动交通基础设施建设实现了跨越式发展。

21 世纪以来，围绕全面建设小康社会的战略部署，按照建设社会主义新农村的要求，原交通部提出了“建设农村路，让农民兄弟从泥泞中解放出来，走上柏油路和水泥路”。这一理念为兴起全国范围的农村公路建设高潮奠定了基础。进入“十一五”，交通运输部结合新形势下交通运输发展的实际，在发展宗旨上提出做好“三个服务”，发展现代交通业，在发展视野上提出“四个审视”，在发展战略上提出加快发展现代化交通运输业、推进交通发展方式的“三个转变”，在发展模式上坚持建设资源节约型、环境友好型交通运输行业，在发展动力上坚持“四个创新”。进入“十二五”以来，我国经济发展环境错综复杂，正处于经济增速换档期、结构调整阵痛期和前期政策消化期“三期叠加”的特殊阶段，交通运输部立足大交通的大发展，提出加快推进“综合交通、智慧交通、绿色交通、平安交通”四个交通的发展，努力建设人民满意的交通。

党的十八大以来，我国交通基本实现了由“总体缓解”向“基本适应”的历史性转变，基础设施规模位居世界前列，装备设备数量快速增长，运输服务保障能力显著提升，科技创新不断取得突破，综合治理能力体系日趋完善。党的十九大报告中，习近平总书记充分肯定了交通运输发展取得的成就，明确提出了建设“交通强国”的宏伟目标，指明了交通运输的发展方向，交通运输行业开启了新时代交通强国建设的新征程。

2018 年全国交通运输工作会议强调，我们必须以党的十九大精神为指引，奋力开启建设交通强国的新征程。按照高质量发展的要求，围绕统筹推进“五位一体”总体布局和协调推进“四个全面”战略布局，着力推动交通运输发展质量变革、效率变革、动力变革，着力服务人民、服务大局、服务基层，着力建设人民满意交通，着力打造现代化交通，全面建成安全便捷、经济高效、绿色智慧、开放融合的现代化综合交通运输体系，全面建成世界领先、人民满意、有效支撑我国社会主义现代化建设的交通强国。

## 第二节 新中国成立以来交通发展的主要理念

交通文化是交通事业不断发展的必然产物和重要成果，是交通文明的组成部分，是人类文明在交通领域的重要体现。交通文化的形成和发展贯穿于交通发展的全过程。中国是一个具有悠久历史的文明古国，其独具特色的传统文化与现代社会的科学思想相结合，在新中国成立以来尤其改革开放以来交通发展的各个时期和各个领域，在关于交通为谁发展、发展什么、如何发展等根本问题的价值选择与价值排序上，不断地孕育了新的思想和新的理念，创造了颇具行业特色和时代特征的交通文化。

## 一、交通运输发展的主要理念

### （一）服务于“巩固国家政权、恢复国民经济”

这是新中国成立后，在国民经济恢复时期（1949—1952 年），形成的比较明确的交通发展理念。建国初期，党和国家面临的重要任务，一是巩固国家政权，二是恢复国民经济。因此，交通发展目的在价值取向上，要服务于“巩固国家政权、恢复国民经济”，充分发挥交通的支持保障作用。

### （二）依靠地方、依靠群众、以普及为主

这是随着全国“大跃进”新形势的到来，原交通部在 1958 年提出的“地、群、普”交通发展的方针，该方针体现了交通在发展途径、发展目标上的价值取向。该理念在充分发挥地方和群众的积极性，加快广大农村、山区和偏远地区的公路建设方面有其积极意义。但同时也有不尊重科学、不讲究质量、片面追求数量的倾向。

### （三）经济要发展，交通要先行

这是改革开放初期即 20 世纪 70 年代一直到 80 年代，交通运输行业普遍认同的价值理念，即交通运输行业要做好经济发展的“先行官”。这个时期，党和国家的第一要务是发展国民经济、改善人民生活。交通部门认识到，交通运输是国民经济发展的先决条件，交通运输行业肩负着当好“先行官”的使命。

### （四）实现人便于行，货畅其流

这是 20 世纪 80 年代，交通运输行业普遍认同的价值理念，即

交通发展的愿景是实现“人便于行，货畅其流”，该理念从交通发展的理想状态上提出了发展的核心目标，突出强调“方便和畅通”，简洁明了、重点突出。在21世纪初提出的“更安全、更便捷、更可靠、更经济、更环保、更和谐”发展理念，可以说与这一理念是一脉相承，但内涵更加科学、更加丰富，更具有行业特色和时代特征。

### （五）科技兴交，人才强交

这是20世纪90年代，交通运输行业普遍认同的价值理念，既强调了科技进步的作用，也强调了以人为本的理念。这一理念与此前80年代提出的“依靠科技、振兴交通”理念，以及此后21世纪初期提出的科学发展观和科学人才观理念，都是一脉相承的。而且，这一理念目前在交通运输行业仍被普遍认同，而且仍在实践之中。

### （六）做负责任的行业、部门和岗位

这是21世纪初期，交通主管部门针对交通快速发展面临的主要任务和突出问题，以及社会各界对交通运输行业关注的热点问题和焦点问题而提出的重要理念，体现了交通运输行业实现好、维护好、发展好公众利益、用户利益和员工利益的价值取向。这一核心价值对当前交通工作仍然具有重要的指导意义。

### （七）交通科学发展观

“以人为本、全面协调，可持续发展”的交通科学发展观，是交通运输行业在21世纪初期，贯彻落实中央精神而提出的要坚持的价值理念。其主要内涵是：以人为本，即交通发展要为了人并依靠人，要为全社会广大人民群众提供便利交通条件和优质运输服务，同时还要依靠群众办交通。全面、协调，就是发展与经济社会发展相适应的公路水路交通，按照“五个统筹”的要求，发展多样化的

交通，构建协调可靠的综合交通运输服务网络，促进国民经济的健康发展和我国社会的全面进步。可持续发展，核心是关注资源和环境约束，实现永续发展问题。要在交通建设和管理经营中着眼于能源的节约，环境的保护，创建资源节约型、环境友好型交通。

### （八）构建和谐交通

构建和谐交通，是在21世纪初期交通运输行业贯彻落实中央精神，坚持科学发展观，构建社会主义和谐社会而提出的要坚持的重要价值理念。构建社会主义和谐社会在交通运输行业的集中体现就是要致力于发展和谐交通，主要内涵是要发展公平共享、法治有序、便捷高效、安全可靠、环境友善的交通。

### （九）建设创新型交通运输行业

这是交通运输行业在21世纪初期，贯彻落实中央精神，提出的重要价值理念。建设创新型交通运输行业，就是以科学发展观为统领，把增强创新能力作为公路水路交通发展的战略基点，把创新贯穿到交通现代化建设的各个方面，优化产业结构，转变增长方式，提高发展质量，增强服务能力，营造有利于创新的文化氛围和制度环境，激发全行业的创新精神，大力推进理念创新、科技创新、体制机制创新和政策创新，走以创新促发展的道路。目前交通运输行业正在实践这一理念。

### （十）建设现代化公路水路交通运输系统

这是21世纪初期，交通运输行业提出的重要价值理念，全面体现了交通发展在目标上的价值取向，即公路水路交通发展的直接目标是建设一个更安全、更通畅、更便捷、更经济、更可靠、更和谐的现代化公路水路交通系统。更安全就是基础设施更耐久，交通运输更安全，安全保障更有效；更通畅就是城乡交通更通达，网络覆盖更广泛，运输走廊更畅通；更便捷就是网络结构更合理，枢纽衔接更紧密，信息服务更及时；更可靠就是系统运行更稳定，运输保障更有力，应急反应更迅速；更经济就是运输市场更规范，使用成本更合理，运输组织更高效；更和谐就是资源利用更集约，与自然环境更友好，人民群众更满意。这一理念正在交通运输行业大力推进，极具指导意义。

### （十一）实现交通又好又快发展

这是交通运输行业在21世纪初期，按照科学发展观和构建和谐社会要求提出来的重要理念，是交通发展理念的重大变化，是交通经过10多年的大发展后，在落实科学发展观的认识水平上提高到了一个新境界，也是交通发展进入新的历史发展阶段提出的新要求。其内涵是，交通既要保持平稳较快发展，又要注重发展的质量和效益，提高管理和服务水平，做到“好中求快”。这一理念正在被大力落实之中。

### （十二）做好“三个服务”

这是交通运输行业在21世纪初期提出的重要价值理念，全面体现了交通发展的使命、宗旨和重点。交通工作做好“三个服务”，即服务国民经济和社会发展全局，服务社会主义新农村建设，服务人民群众安全便捷出行。

### （十三）发展现代交通业

这是新时期交通运输行业深入贯彻落实科学发展观，按照国家加快转变经济发展方式、推动产业结构优化升级和大力发展现代服务业的战略部署，推进公路水路交通由传统产业向现代服务业转型，加快发展现代交通业，具有全局性、方向性的重大战略，是交通运输行业适应经济社会发展的客观要求和交通发展规律的内在要求的价值取向。

发展现代交通业，关键是要实现交通发展方式的转变，即：交通发展由主要依靠基础设施投资建设拉动向建设、养护、管理和运输服务协调拉动转变，由主要依靠增加物质资源消耗向科技进步、行业创新、从业人员素质提高和资源节约环境友好转变，由主要依靠单一运输方式的发展向综合运输体系发展转变。

发展现代交通业的总体要求是：到2020年，交通发展的质量和效率显著提高，运输服务和管理显著改善，行业创新实力显著提升，资源节约、环境保护显著增强，基本建成更安全、更通畅、更便捷、更经济、更可靠、更和谐的交通运输服务体系，交通发展成果惠及城乡、人民共享，适应全面建成小康社会的需要，为21世纪中叶实现交通现代化打下坚实基础。

### （十四）发展“四个交通”

“四个交通”是交通运输部在新的发展形势下，立足于行业发展的阶段性特征，为更好地实现交通运输科学发展，服务好“两个百年目标”，于2014年在全国交通运输工作会议上正式提出的战略发展任务，即全面深化改革，集中力量加快推进综合交通、智慧交通、绿色交通、平安交通的发展，简称“四个交通”。其中，综合交通是核心，智慧交通是关键，绿色交通是引领，平安交通是基础，“四个交通”相互关联，相辅相成，共同构成了推进交通运输现代化发展的有机体系。

### （十五）建设交通强国

党的十九大立足新时代新征程，作出了建设交通强国的重大决策部署，这是以习近平同志为核心的党中央对交通运输事业发展阶段特点和规律的深刻把握，是全国人民对交通运输工作的殷切期望，也是新时代全体交通人为之奋斗的新使命。

交通强国是社会主义现代化强国的重要组成部分，是先行领域和战略支撑。“强”是一个相对概念，认识交通强国，应当对标国际一流水平，具有世界眼光。同时，交通运输是大局的一部分，认识交通强国，必须在全面建设社会主义现代化国家的大局下来把握，体现中国特色。我们建设交通强国，就是要实现综合实力世界领先，交通运输规模数量大、质量效率高、科技创新强、行业治理优、国际影响广，拥有安全、便捷、高效、绿色、经济的现代化综合交通运输体系，各种运输方式的比较优势和组合效率得到充分发挥。要紧紧围绕民富国强目标，使交通运输基础性、先导性、战略性、服务性功能得到充分发挥，全面适应并引领经济社会发展，为全体人民实现共同富裕、全面建成社会主义现代化强国提供战略支撑。总之，要建成世界领先、人民满意、有效支撑我国社会主义现代化建设的交通强国。

## 二、交通运输发展的价值取向分析

上述价值理念是交通运输行业在宏观层面、战略层面的重要价值取向，侧重体现交通为谁发展、发展什么、如何发展等根本问题的价值选择与价值排序，是交通运输行业的核心价值。

在关于交通运输为谁发展，或发展的使命和宗旨方面的价值取向主要有：服务于“巩固国家政权、恢复国民经济”；经济要发展，交通要先行；做负责任的行业、部门和岗位；交通科学发展观；构建和谐交通；努力做好“三个服务”等。

在关于交通运输发展什么或发展目标、愿景方面的价值取向主要有：依靠地方、依靠群众、以普及为主；实现人便于行，货畅其流；交通科学发展观；建设现代化公路水路交通运输系统；构建和谐交通；实现交通又好又快发展；做好“三个服务”，发展“四个交通”，建设交通强国等。

在关于交通运输如何发展，或发展的路径和手段方面的价值取向主要有：依靠地方、依靠群众、以普及为主；科技兴交，人才强交；交通科学发展观；建设创新型交通运输行业；实现交通又好又快发展等；构建和谐交通。

由此可见，上述价值取向在交通运输发展的各个时期都有其鲜明的行业特点和时代特征，且在理念表达上内涵丰富、各有侧重，有的侧重体现发展的使命或宗旨，有的侧重体现发展的目标或愿景，有的侧重体现发展的路径和手段，但都是交通运输行业重要的价值理念，是交通文化建设过程中重要的价值实践与价值积淀，是交通运输发展的重要成果，是交通文明的重要结晶。这些价值理念所蕴含的文化元素，在交通运输行业价值体系的构建中，通过整合与创新，予以有效继承并付诸实践，进而发扬光大。

## 第三节　现代交通精神的先进典型

交通精神即交通运输行业精神。交通精神是交通运输行业广大从业人员共同创造的精神财富，是交通运输行业文化建设的重点内容。在长期交通工作实践中，交通运输行业先后涌现了各具行业特点和时代特征并能从不同方面体现交通运输行业广大从业人员思想意志和精神风貌的先进典型代表。

### 一、“小扁担精神”

#### “为人民服务到白头”

“小扁担精神”的精神实质在于“为人民服务”。“小扁担精神”是雷锋精神在现实生活中的集中体现，是雷锋精神的延续和发展。“小扁担精神”为各级交通管理部门和企事业单位改善服务理念、创新服务手段树立了精神坐标。

“小扁担精神”来源于上海海运局服务员杨怀远。他用一条自制的小扁担，穿梭于旅客之中，不怕苦与累，不嫌脏与烦，为人们排忧解难，不取分文地为旅客送行李。他还制定了120多项便民措施，自制了多种方便旅客的用具，设立了方便箱，被旅客赞誉为“老人的拐杖”“孩子的保姆”“病人的护士”。仅扁担，他就先后挑坏了48条，小小扁担挑出了浓浓的旅客情、人间爱。

## 二、“铺路石精神”

### “爱岗敬业、默默奉献”

“铺路石精神”是广大公路部门职工的精神写照。“铺路石精神”的实质是爱岗敬业、默默奉献，立足岗位，任劳任怨，兢兢业业工作，踏踏实实工作，将自己的一份心力无私奉献给交通建设事业，为交通建设添砖加瓦，为广大人民群众创造良好的出行条件。

“铺路石精神”的典型代表是四川省甘孜藏族自治州公路局雀儿山五道班班长陈德华，他用自己的行动对这一精神进行了最好的诠释。陈德华所在的雀儿山五道班驻地海拔4889米，工作和生活条件极其恶劣，生命时刻面临挑战。由于历史原因，过去的雀儿山公路技术等级低、线形差、路基狭窄、坡陡弯急。陈德华带领工人们以顽强的毅力克服了许多难以想象的困难，以“蚂蚁啃骨头”的精神，平整路面、加宽路基、降坡改弯、修筑挡墙、精心维护，硬是把雀儿山路段由“老虎嘴”“石门坎”“老一档”变成了安全通畅的“放心路”，年平均好路率达到80%以上。

除了陈德华，公路养护队伍中还有众多闪闪发光的“铺路石”。如多力贡·加尼，这位新疆维吾尔自治区喀什市塔什库尔干公路段红其拉甫公路养护站的站长，在海拔高度近5000米的生命禁区，创下了连续16年大雪封山期公路无阻车的纪录。还有西藏自治区青藏公路管理分局那曲公路段小多吉同志，在青藏公路这条世界上海拔最高的公路上，创造了养护路段好路率连续10年西藏第一的佳绩。正是因为有了千千万万“铺路石”们的无私奉献，才有了公路的畅通，才有了人民群众良好的出行条件。

## 三、“航标灯精神”

### “燃烧自己、照亮别人、奉献社会”

“航标灯精神”是践行社会主义荣辱观的具体体现。其实质是不怕苦、不怕累，燃烧自己、照亮别人，不求索取、无私奉献，在普通而平凡的工作岗位上，为交通事业贡献力量。

“航标灯精神”的典型代表是广东海事局汕头航标处遮浪灯塔养护工苏贵聪。“航标灯精神”在这位灯塔工身上，得到了最好的体现和说明。遮浪岛是红海湾一个只有0.1平方公里的孤岛，离陆地约有1000米的水路，生活条件艰苦，经常与大风大浪打交道，30年来，苏贵聪已记不清多少次遇险。有一次，一个巨浪打在正工作的他身上，将他重重地摔倒在礁石上，顿时头破血流，通过开颅手术，取出一大块瘀血，才捡回了一条命。还有一次，小船被台风掀翻，苏贵聪与同事在大海里漂流了30多海里才侥幸被渔船救起。与死神的一次次擦肩而过，并没有动摇苏贵聪守护好灯塔的信念。苏贵聪管理的灯塔，保持了30年正常发光率和正常维修率两个100%的纪录，被誉为“红海湾不落的北斗”。

## 四、“航海精神”

### “乘风破浪、不畏艰险、同舟共济”

“航海精神”的实质是“乘风破浪、不畏艰险、同舟共济”，是忠实履行“热爱祖国、睦邻友好、科学航海”宗旨的重要体现，是我国现代航海家爱岗敬业、无私奉献，将一腔热血献给祖国和人民的具体体现。

## 五、“救捞精神”

### “把生的希望送给别人、把死的危险留给自己”

“救捞精神”是救捞部门干部职工敬爱生命的人道主义情怀和面对危险勇往直前的大无畏精神的具体体现。几代救捞人发扬“把生的希望送给别人，把死的危险留给自己”这一救捞精神，顽强拼搏，舍生忘死，为我国海上交通安全和现代化建设作出了重要贡献，曾完成无数重大海上救助和打捞任务。

进入21世纪，作为国家应急反应体系中的重要组成部分，中国救捞围绕政府“以人为本、关爱生命、构建和谐社会”的执政理念，着力建立一支政令畅通、行动迅速、装备精良、人员精干、技术过硬、作风顽强的国家专业海上救助队伍，全面构建了海空立体救助体系。2006年5月17日凌晨，台风“珍珠”在我国东南沿海登陆，中心附近风力达15级以上。晚上十点传来消息，东沙群岛以南有11艘越南渔船被困，99名渔民等待救援。正在珠江口桂山锚地待命的南海救助局“德进”轮，接到指令后，顶着14米巨浪，迅速赶往出事海域。于次日凌晨搜索到遇险渔船，救出越南渔民共计24名。19日下午，有关部门又一次接到越南政府的求援信息，再次派出大型救助船“南海救111”赶往东沙海域，经过连续两昼夜的搜索，又救助遇险渔船22艘，救助遇险人员近600人，前后向越籍渔船提供燃料油32吨，淡水140吨，以及一大批主副食和航行物资。“英雄船”的故事在中越人民中传为美谈。

正如原交通部部长李盛霖同志所指出的那样，“交通搜救精神”代表的是“我国救助人员的团结协作、英勇善战、主动奉献、吃苦耐劳、顽强拼搏、连续作战的精神”，它已成为海事救助职工加强海上监管和人命救助工作的强大动力。

## 六、“海事精神”

**“尚法弘德，为民负责，执法为民，服务社会”**

近年来，交通部海事局认真落实科学发展观，提出了建设“三个海事”的发展理念和思路，即“交通海事”“数字海事”“阳光海事”。“交通海事”就是要体现交通运输行业的形象和管理水平，追求工作绩效最优；“数字海事”就是要追赶国际海事管理水平，适应和满足全面建设小康社会的新要求；“阳光海事”就是“公正透明”地执法，优质服务，体现执法为民的本质和目标。“三个追求”是指勇于负责，追求社会满意度最高；干对干好，追求岗位业绩最优；创造环境，追求职工归属感最强。正是通过“三个海事”建设，强化“三个追求”，全国海事系统职工“尚法弘德、为民负责”的海事精神得到进一步发扬，“执法为民、服务社会”海事宗旨得到进一步体现，“公正、廉洁、文明、高效”海事形象得到进一步树立，好人好事层出无穷，受到了老百姓的普遍赞扬。“尚法弘德，为民负责，执法为民，服务社会”的“海事精神”的本质特点是“公正执法”和“文明高效”，它体现了法治政府在现代社会所承担的根本责任。它不仅为交通行政部门提供了榜样，同时也可为整个国家公务员队伍借鉴。

## 七、“青岛港精神”

**“一代人要有一代人的作为，一代人要有一代人的贡献，一代人要有一代人的牺牲。”**

多年来，青岛港港口生产以国际卓越绩效标准为管理大纲，创新理念，实施中心战略，不断打造港口服务新优势；以人为本，技术创新，不断增强发展资源新后劲；推行流程再造，加强过程管理，不断实现服务质量新提高；从零开始，从基础抓起，大力度实施资源大整合、布局大调整、管理大深化，全面质量管理上新层次，推动了港口跨越式大发展。

他们以建设地区国际航运中心为目标，建立以用户为中心的经营理念，坚持走质量兴港、科技兴港、实干兴港之路，树立共同的价值观和企业行为准则，努力以文化的力量升华企业形象，打造“诚纳四海”这一服务品牌，先后荣获全国首届质量管理奖、全国精神文明建设先进单位、全国“五一劳动奖状”等，被交通部确定为全国交通系统“三学四建一创”典型。

## 八、“华铜海精神”

**“勇闯新路、改革进取的精神，干字当头、艰苦奋斗的精神，遵纪守法、诚实劳动的精神，领导干部以身作则、吃苦在前、享受在后的精神。”**

中远广州远洋运输公司华铜海轮1984年开始出租。在出租的十多年时间，没有出过一次事故，没有误过一天船期，没有违法违纪的事件发生，先后55次由装矿、装煤等改为装粮，验舱均一次通过，被国际航运界誉为“中国出租船的一面旗帜”，成为“海上中华名牌”。

在2001年的全国交通系统创建文明行业工作会议上，原交通部部长黄镇东在大会讲话中强调指出，华铜海轮勇闯新路、改革进取的精神，干字当头、艰苦奋斗的精神，遵纪守法、诚实劳动的精神，领导干部以身作则、吃苦在前、享受在后的精神都具有鲜明的时代精神和行业特点，进入新的世纪后并没有过时，在今后创建文明行业活动中，仍然应该作为我们学习的榜样。

## 九、“起帆精神”

**“报效祖国，服务人民的主人翁精神，立足本职、追求卓越的敬业精神，求真务实、勇攀高峰的科学精神，锲而不舍、勇于拼搏的进取精神，团结协作、淡泊名利的团队精神。”**

包起帆，上海国际港务（集团）股份有限公司副总裁、教授级高工，工人出身的发明家。他自进入上海港起就如饥似渴地自学专业基础知识，刻苦钻研业务，和同事们创造出木材抓斗，填补了国际港口装卸工具的一项空白。此后，他又发明多种“散货抓斗”，被誉为“抓斗大王”。他的发明极大地减轻了工人的劳动强度，提高了生产效率，确保了作业安全，并已在国内30多个行业的1000余家单位应用，还出口到10多个国家，累计为国家创造经济效益4亿多元。从一名普通的码头工人，通过刻苦学习，勤奋钻研，勇于创新，成长为科技带头人，这种“起帆精神”反映了交通人立足本职、追求卓越、勇攀高峰的拼搏进取精神。

## 十、“振超精神”

**“爱岗敬业、无私奉献的主人翁精神，艰苦奋斗、努力开拓的拼搏精神，与时俱进、争创一流的创新精神，团结协作、互相关爱的团队精神。”**

许振超是当代中国产业工人的杰出代表。在青岛港工作30多年来，他脚踏实地，刻苦钻研，不断创新，在港口装卸这个平凡岗位上创出了不平凡的业绩：他练就了“一钩准”“无声响操作”等绝活并加以推广；他创造了“六连环”工作法和集装箱桥吊高效操作法；他带领桥吊队四次刷新装卸世界纪录，他创造了每小时接卸集装箱381自然箱的港口工作奇迹，被誉为“振超效率”。

许振超和他的团队通过自主创新，将集装箱轮胎吊由内燃机驱动改为电驱动，填补了集装箱轮胎吊“油改电”革新领域的世界空白，每年减少油耗700万公升，年节支3000万元以上。

“振超精神”体现的是“干一行，爱一行，精一行”的敬业精神，他的一丝不苟、精益求精的主人翁姿态，为我们诠释了生命的价值和意义，为当代中国产业工人指明了前进的方向。

## 十一、“刚毅精神”

**“胸怀祖国、热爱边疆的爱国精神，刻苦钻研、勤奋好学的进取精神，不懈探索、敢于突破的创新精神，恪尽职守、忘我工作的敬业精神，淡泊名利、清正廉洁的自律精神，生命不息、奋斗不止的拼搏精神。”**

陈刚毅是湖北省交通规划设计院高级工程师，新时期援藏交通工程技术人员的楷模。他展现了交通人面对命运的打击，投身事业、无所畏惧、永不低头的新世纪“铁人”风采。

2003年4月，陈刚毅担任交通部重点援藏项目——西藏昌都地区214国道角笼坝大桥项目法人代表。他带领项目组精心管理，大胆创新，艰苦创业，不仅解决了在复杂地质岩层中采用隧道式锚碇建桥的技术难题，而且创造了在高原、高寒地区破碎性岩层中修建大跨度隧道式锚碇悬索桥的先例。这期间，他不幸身患癌症，但仍心系工作，把全部的智慧、心血和汗水都倾注到交通事业上，以顽强的意志与病魔抗争。手术后7次化疗期间，4次进藏，为确保工程建设安全、优质、高效进行，并提前建成通车，作出了突出贡献。

陈刚毅人如其名，他刚强坚毅，藐视病魔，信奉“快乐就在岗位上、生命就在事业中”，用自己的大无畏行动，演绎了生命对事业的忠诚，谱写了一曲交通铁人的赞歌。

“刚毅精神”体现了新时期交通工程技术人员为了人民的事业，不顾个人利益乃至生命的高风亮节，真实地展示了新一代知识分子为促进各民族共同繁荣，共建和谐社会主义大家庭，敢于向死神挑战的英雄气概。它是对20世纪“铁人”精神的继承和发扬，同时，又具有着鲜明的时代特征，是中华民族自强不息、勇往直前精神的具体写照。

## 十二、“孔祥瑞精神”

**“恪尽职守、忘我工作的敬业精神，立足岗位、刻苦自励的拼搏精神，敢为人先、勇攀高峰的创新精神，凝心聚力、团结协作的团队精神”。**

孔祥瑞是天津港股份有限公司煤码头分公司操作一队队长兼党支部书记，高级工人技师。他是交通运输行业新时期知识型产业工人队伍中的又一杰出代表。他把全部精力倾注在港口建设发展上，潜心钻研，积极进取，勇于创新实践，由一名技术工人成长为“蓝领专家”，被称为“津门许振超”。

多年来，孔祥瑞曾先后开展技术革新项目130多项，仅2001年以来的51项成果就为企业创效6228万元。他在装卸工作中创造的“孔祥瑞操作法”是天津市职工十大优秀操作法之一。

“起帆精神”“振超精神”“孔祥瑞精神”三者实质的内涵都是精益求精，不断创新。它们体现着交通运输行业干部职工紧跟潮流，与时俱进，走科技创新之路，自强不息的时代风采，它们是交通科技文化的代表，是交通运输行业落实国家“建立创新型社会、创建学习型组织、争做知识型职工”号召，建设新型交通运输行业的示范典型，也是团结和激励广大交通科技工作者的一面旗帜。

## 十三、“孙彪精神”

**“尽职在岗、奉献在船的救捞奉献精神”**

孙彪，交通部上海打捞局拖轮船队高级船长，作为国际拖航联盟成员德大轮船长的他，以精湛的业务、娴熟的英语、严谨的工作作风，安全优质地完成了一项又一项重大任务，为中国交通人赢得了荣誉。从俄罗斯摩尔曼斯克港拖带大型航空母舰“基辅”号跨洋远航中国天津，航程17000余海里，横穿三大洋，孙彪带领全体船员，克服了沿途多次遇到的大风和险情，历经艰难，历时102天，安全优质完成了万里拖航任务，大大提升了中国远洋拖轮在国际航运界的声誉。在与国外伙伴合作的过程中他不卑不亢，处处为船东着想，同时又时刻不忘祖国的利益，赢得了拖航界的普遍尊敬。他还结合拖航工作特点，研究摸索出许多提高工作效率、增加单位经济收益的新工艺新措施，使单位利润指标逐年大幅上升。

“孙彪精神”体现的是吃苦耐劳、爱岗尽责、拼搏奉献的精神。“尽责在岗、奉献在船”在他的身上得到了充分体现，他的精神与“振超精神”在内涵上相互呼应。

## 十四、“润阳大桥精神”

**“凝心聚力的和谐意识，拼搏奉献的创业精神，敢为人先的创新精神，追求卓越的创优精神。”**

润扬大桥是我国第一座由悬索桥和斜拉桥构成的组合型特大桥梁，整个大桥建设规模之大、难度之高、技术之复杂，不仅为我国桥梁建设史上所罕见，也堪称当今世界之最。润扬大桥全部由中国人自己设计、自己施工、自己管理。这座历时4年半，耗资58亿元的大桥，创造了中国桥梁史上的8个第一，代表了当时我国桥梁建设的最高水平。它的建成是数万名润扬人拼搏奉献，艰苦奋斗的结晶，是“默默无闻、精益求精、不断创新”润扬大桥精神创造的人间奇迹。

造世界一流大桥离不开精益求精的认真态度。三伏酷暑，工人们要在50多度的桥面上铺设沥青，为了不让一滴汗珠落在桥面上，他们全身武装，裹得严严实实再工作。团结协作是润扬大桥精神的重要支撑。几万人组成的庞大团队中，强大的团队凝聚力始终把他们拧成一股绳，每一个员工自觉地将实现自我价值与奉献社会的追求统一起来。

“润扬大桥精神”的核心，是自觉地把个人融入集体，全身心地投入到国家的建设中，是以科技创新为动力，开拓进取，精益求精，敢攀世界工程建设高峰。

## 十五、“两路精神”

**“一不怕苦、二不怕死，顽强拼搏、甘当路石，军民一家、民族团结。”**

60多年前，西藏和平解放后，由中国人民解放军、四川和青海等省各族人民群众以及工程技术人员组成的11万人的筑路大军，在极为艰苦的条件下奋勇拼搏，3000多名英烈捐躯高原，于1954年建成了总长4360公里的川藏公路、青藏公路，结束了西藏没有现代公路的历史，在“人类生命禁区”的“世界屋脊”创造了公路建设史上的奇迹，铸造了一不怕苦、二不怕死，顽强拼搏、甘当路石，军民一家、民族团结的“两路”精神。在改造、整治和养护过程中，一代代交通人秉承传统，以路为家，不断丰富和发展了“两路”精神，为西藏交通运输事业的发展注入了强大的精神动力。

60年来，国家先后投入97亿元对川藏公路、青藏公路进行大规模改造，公路建设者和科研工作者攻克了多年冻土公路、桥梁建设和养护等多项技术难题，实现了两路全部黑色化。西藏、四川、青海三省区和武警交通部队组建专门养护机构，保障了两路畅通。长期以来，国家调拨支援西藏经济建设95%的物资，支援西藏的重点工程和援建项目以及抗震救灾、青藏铁路建设等重点工程的大型设备，都是通过公路运进西藏。

一不怕苦、二不怕死，体现的是不畏艰难险阻的革命英雄主义，对理想事业的坚定与忠诚；顽强拼搏、甘当路石，体现的是勇往直前、敢为人先的进取意识和担当精神，甘于吃苦、乐于奉献的高尚情怀；军民一家、民族团结，体现的是水乳交融、血肉相连的军民鱼水深情，藏汉一家、各族一家、团结互助的社会主义民族关系。

# 第五章　我国交通运输发展的战略导向

交通运输发展是交通文化、交通精神产生并存在的丰润土壤，交通文化、交通精神又对交通运输发展起到促进作用。一方面，交通文化、交通精神来源于交通运输发展实践，是交通运输发展理念、战略、规划等的高度凝练；另一方面，交通文化、交通精神一旦形成，又将在很大程度上促进交通运输发展理念、战略等的落地实施，从而起到凝聚力量、促进交通运输发展的作用。因此，把握好当前及未来一个时期我国经济社会、交通运输发展的理念思路和任务要求，是凝练形成交通精神的前提和基础。

## 第一节　我国经济社会发展的总体部署

### 一、我国经济社会发展遵循的主要原则

2016 年 3 月，我国《国民经济和社会发展第十三个五年规划纲要》发布，明确了经济社会发展宏伟目标、主要任务和重大举措，是市场主体的行为导向，是政府履行职责的重要依据，是全国各族人民的共同愿景，并强调“十三五”期间我国国民经济和社会发展必须遵循以下 6 个方面的原则。

#### （一）坚持人民主体地位

人民是推动发展的根本力量，实现好、维护好、发展好最广大

人民根本利益是发展的根本目的。必须坚持以人民为中心的发展思想，把增进人民福祉、促进人的全面发展作为发展的出发点和落脚点，发展人民民主，维护社会公平正义，保障人民平等参与、平等发展权利，充分调动人民积极性、主动性、创造性。

### （二）坚持科学发展

发展是硬道理，发展必须是科学发展。我国仍处于并将长期处于社会主义初级阶段，基本国情和社会主要矛盾没有变，这是谋划发展的基本依据。必须坚持以经济建设为中心，从实际出发，把握发展新特征，加大结构性改革力度，加快转变经济发展方式，实现更高质量、更有效率、更加公平、更可持续的发展。

### （三）坚持深化改革

改革是发展的强大动力。必须按照完善和发展中国特色社会主义制度、推进国家治理体系和治理能力现代化的总目标，健全使市场在资源配置中起决定性作用和更好发挥政府作用的制度体系，以经济体制改革为重点，加快完善各方面体制机制，破除一切不利于科学发展的体制机制障碍，为发展提供持续动力。

### （四）坚持依法治国

法治是发展的可靠保障。必须坚定不移地走中国特色社会主义法治道路，加快建设中国特色社会主义法治体系，建设社会主义法治国家，推进科学立法、严格执法、公正司法、全民守法，加快建设法治经济和法治社会，把经济社会发展纳入法治轨道。

### （五）坚持统筹国内国际两个大局

全方位对外开放是发展的必然要求。必须坚持打开国门搞建设，既立足国内，充分运用我国资源、市场、制度等优势，又重视国内国际经济联动效应，积极应对外部环境变化，更好利用两个市场、两种资源，推动互利共赢、共同发展。

### （六）坚持党的领导

党的领导是中国特色社会主义制度的最大优势，是实现经济社会持续健康发展的根本政治保证。必须贯彻全面从严治党要求，不断增强党的创造力、凝聚力、战斗力，不断提高党的执政能力和执政水平，确保我国发展航船沿着正确航道破浪前进。

## 二、我国现代化经济体系建设的总体部署

习近平总书记在党的十九大报告中，对贯彻新发展理念、建设现代化经济体系进行了专门阐述，指出我国经济已由高速增长阶段转向高质量发展阶段，正处在转变发展方式、优化经济结构、转换增长动力的攻关期，建设现代化经济体系是跨越关口的迫切要求和我国发展的战略目标。当前及今后一个时期，我国现代化经济体系建设，必须坚持质量第一、效益优先，以供给侧结构性改革为主线，推动经济发展质量变革、效率变革、动力变革，提高全要素生产率，着力加快建设实体经济、科技创新、现代金融、人力资源协同发展的产业体系，着力构建市场机制有效、微观主体有活力、宏观调控有度的经济体制，不断增强经济创新力和竞争力。

### （一）深化供给侧结构性改革

建设现代化经济体系，必须把发展经济的着力点放在实体经济上，把提高供给体系质量作为主攻方向，显著增强我国经济质量优势。加快建设制造强国，加快发展先进制造业，推动互联网、大数据、人工智能和实体经济深度融合，在中高端消费、创新引领、绿色低碳、共享经济、现代供应链、人力资本服务等领域培育新增长点，形成新动能。支持传统产业优化升级，加快发展现代服务业，瞄准国际标准提高水平。促进我国产业迈向全球价值链中高端，培育若干世界级先进制造业集群。加强水利、铁路、公路、水运、航

空、管道、电网、信息、物流等基础设施网络建设。坚持去产能、去库存、去杠杆、降成本、补短板，优化存量资源配置，扩大优质增量供给，实现供需动态平衡。激发和保护企业家精神，鼓励更多社会主体投身创新创业。建设知识型、技能型、创新型劳动者大军，弘扬劳模精神和工匠精神，营造劳动光荣的社会风尚和精益求精的敬业风气。

### （二）加快建设创新型国家

创新是引领发展的第一动力，是建设现代化经济体系的战略支撑。要瞄准世界科技前沿，强化基础研究，实现前瞻性基础研究、引领性原创成果重大突破。加强应用基础研究，拓展实施国家重大科技项目，突出关键共性技术、前沿引领技术、现代工程技术、颠覆性技术创新，为建设科技强国、质量强国、航天强国、网络强国、交通强国、数字中国、智慧社会提供有力支撑。加强国家创新体系建设，强化战略科技力量。深化科技体制改革，建立以企业为主体、市场为导向、产学研深度融合的技术创新体系，加强对中小企业创新的支持，促进科技成果转化。

### （三）实施乡村振兴战略

农业农村农民问题是关系国计民生的根本性问题，必须始终把解决好“三农”问题作为全党工作重中之重。要坚持农业农村优先发展，按照产业兴旺、生态宜居、乡风文明、治理有效、生活富裕的总要求，建立健全城乡融合发展体制机制和政策体系，加快推进农业农村现代化。巩固和完善农村基本经营制度，深化农村土地制度改革，完善承包地“三权”分置制度。深化农村集体产权制度改革，保障农民财产权益，壮大集体经济。构建现代农业产业体系、生产体系、经营体系，完善农业支持保护制度，发展多种形式适度规模经营，培育新型农业经营主体，健全农业社会化服务体系，实现小农户和现代农业发展有机衔接。

（四）实施区域协调发展战略

加大力度支持革命老区、民族地区、边疆地区、贫困地区加快发展，强化举措推进西部大开发形成新格局，深化改革加快东北等老工业基地振兴，发挥优势推动中部地区崛起，创新引领率先实现东部地区优化发展，建立更加有效的区域协调发展新机制。以城市群为主体构建大中小城市和小城镇协调发展的城镇格局，加快农业转移人口市民化。以疏解北京非首都功能为“牛鼻子”推动京津冀协同发展，高起点规划、高标准建设雄安新区。以共抓大保护、不搞大开发为导向推动长江经济带发展。支持资源型地区经济转型发展。加快边疆发展，确保边疆巩固、边境安全。坚持陆海统筹，加快建设海洋强国。

（五）加快完善社会主义市场经济体制

经济体制改革必须以完善产权制度和要素市场化配置为重点，实现产权有效激励、要素自由流动、价格反应灵活、竞争公平有序、企业优胜劣汰。要完善各类国有资产管理体制，改革国有资本授权经营体制，加快国有经济布局优化、结构调整、战略性重组，促进国有资产保值增值，推动国有资本做强做优做大，有效防止国有资产流失。深化国有企业改革，发展混合所有制经济，培育具有全球竞争力的世界一流企业。全面实施市场准入负面清单制度，清理废除妨碍统一市场和公平竞争的各种规定和做法，支持民营企业发展，激发各类市场主体活力。深化商事制度改革，打破行政性垄断，防止市场垄断，加快要素价格市场化改革，放宽服务业准入限制，完善市场监管体制。创新和完善宏观调控，发挥国家发展规划的战略导向作用，健全财政、货币、产业、区域等经济政策协调机制。完善促进消费的体制机制，增强消费对经济发展的基础性作用。深化投融资体制改革，发挥投资对优化供给结构的关键性作用。

（六）推动形成全面开放新格局

开放带来进步，封闭必然落后。要以“一带一路”建设为重点，坚持引进来和走出去并重，遵循共商共建共享原则，加强创新能力开放合作，形成陆海内外联动、东西双向互济的开放格局。拓展对外贸易，培育贸易新业态新模式，推进贸易强国建设。实行高水平的贸易和投资自由化便利化政策，全面实行准入前国民待遇加负面清单管理制度，大幅度放宽市场准入，扩大服务业对外开放，保护外商投资合法权益。凡优化区域开放布局，加大西部开放力度。赋予自由贸易试验区更大改革自主权，探索建设自由贸易港。创新对外投资方式，促进国际产能合作，形成面向全球的贸易、投融资、生产、服务网络，加快培育国际经济合作和竞争新优势。

## 第二节　交通运输发展的形势需求

### 一、当前我国交通运输发展面临的形势

作为基础性、先导性、服务性行业，交通运输被国务院、党中央在新形势下赋予了发展新的使命和职责，要求在未来一段时间继续保持交通运输适度超前的发展速度，统筹各种运输方式的发展，通过提质增效、转型升级，为全面实现小康社会目标提供基础保障。

（一）经济社会发展进入新常态

推进供给侧结构性改革，是适应和引领经济发展新常态的重大创新。“十二五”以来，我国交通运输发展阶段实现了由“总体缓解”向“基本适应”的重大跃升，但结构不优、大而不强问题始终

没有得到根本扭转。交通运输的结构性问题，突出表现为有效供给不足。从基础设施来看，供给总量不足的问题仍然突出，补齐短板、强化衔接、消除瓶颈、优化网络等结构性供给不足问题日渐凸显。从运输服务来看，产业迈向中高端、消费结构升级等产生新需求，轻质化、高附加值、一体化的货运供给不足，快捷化、个性化的客运服务供给缺口较大。从运输装备来看，与经济社会发展及人民群众日益增长的现实需求相比，与绿色发展的新要求相比，运输装备仍有较大改进提升空间。

解决交通运输的结构性问题，必须围绕国家三大战略实施带来的生产力布局优化，更多放在供给侧，扩大有效供给，使供给体系更好适应需求结构变化，实现由低水平供需平衡向高水平供需平衡跃升。

### （二）新型城镇化背景下的新需求

我国新型城镇化发展进程，既伴随着新一轮农村人口向城镇的区域性转移，也包括传统产业、现代产业在城镇与农村之间的区域性转换与结构性调整。根据国外经验，到了城镇化后期，大城市的发展提高了土地成本和环境成本。随着运输业的快速发展，运输成本逐渐下降，集聚经济的优势开始减弱。

在这种情况下，制造业和服务业等产业逐渐向大城市周边地区扩散，带动大城市人口向中小城市回流，从而使城镇化逐渐从集中阶段向分散阶段转变。在这一过程中，流动人口涌入大城市的总量下降，越来越多的流动人口向二、三线城市聚集。未来我国城镇化发展以及人口流动的趋势和特点，也要求交通运输行业超前研判、及早应对。

### （三）科技革命及产业变革的影响

当前及今后一个时期，研发应用现代技术，维护交通资产存量、保障交通运输安全、提高运输服务水平等，成为世界交通运输科技发展的主攻方向。我国交通运输在现代化发展的过程中，必须把握世界科技发展趋势，主动迎接科技革命挑战，抓住新的网络信息技术、新材料技术、先进制造技术、低碳技术、生物技术发展和商业模式创新机遇，把智慧交通建设作为主战场，把握数字化、信息化、网络化、智能化的时代特征，充分运用“互联网 +”思维，推动现代信息技术与交通运输的全面融合，以信息化智能化引领交通运输现代化。

此外，交通运输及相关领域新兴业态的发展，如交通电子支付、出行信息服务、物流信息平台、航运金融等手段不断创新和完善，促进新的运输需求产生，包括旅游客运、邮轮游艇蓬勃发展，汽车租赁市场等，也将借助“互联网 +”呈现规模化、网络化的趋势。新兴业态的发展，也要求交通运输管理者加强学习、提前谋划、主动应对。

### （四）国际经济形势和产业结构变化

当前，世界经济正处于深度调整之中，复苏动力不足，2015 年以来陆续发布的主要宏观经济数据，印证了经济发展进入新常态的运行特征，如内贸下降、外贸略增长，我国将面临外需不振的困境。

产业结构的深刻变化将对货运结构产生重大影响，也要求交通运输不断调整运输结构。特别是以煤炭、冶炼物资、石油为主的铁路货运，总体上将呈下降趋势；公路货运由于其货类构成相对分散，大宗货物、初级产品所占的份额呈下降趋势，适合公路的一般消费品、轻质化和高附加值货物运输需求仍将较为旺盛；铁路重回零担货运市场，公路货运长途专线受到极大冲击；水路货运“黑货”占比较高，也将一定程度受产业结构调整的影响，增速呈现放缓趋势。

### （五）资源环境约束将进一步强化

从全球看，能源环境问题是21世纪全球共同面临的挑战。日益凸显的全球性能源紧张以及由此衍生的以石油安全为核心的能源安全，以及以气候变暖为主要特征的全球性气候变化已成为国际社会普遍关注的重大全球性问题。特别是进入21世纪以来，从世界环境日、八国峰会到亚太经合组织峰会等等，如何应对气候和环境变化带来的挑战，几乎是逢会必谈的主题，节能减排已经成为国际社会的一致声音和共同责任。

我国交通运输作为资源密集型行业，对能源资源依赖性强，对生态环境影响较大，是全社会仅次于制造业的油品消费第二大行业。受发展阶段的影响，中国交通运输业在能耗、排放上与其他产业相比不是主体。但是，交通运输是国家用地、排放大户的事实不可回避。据有关统计，中国交通运输业占全社会石油消耗量的30%。按照国家生态文明建设要求，未来交通运输发展必须把绿色、循环、低碳放在更加突出的位置。

## 二、经济社会发展对交通运输的需求

### （一）适度增加交通运输供给总量

进入21世纪，我国国民经济仍将保持较快的增长速度，已经进入以高加工度为主的加快实现工业化的发展阶段。国民经济的持续快速发展，必然导致旺盛的运输需求；产业结构的升级和产品结构的变化，机械加工工业、电子工业以及日渐兴起的高加工度、高新技术产业的迅速发展和第三产业在国民经济中的比重不断上升，需要运输的农副产品、附加值较高的工业品、家用消费品以及高新技术产品等质轻、价高、高附加值货物越来越多，小批量、多品种的运输需求增加，大众化、常态化旅游需求的增加，都对交通运输在规模和数量上提出了新的需求，必须保持较快的发展速度才能适应社会经济发展的要求。

因此，未来我国经济社会发展总体需求依然旺盛。满足国内消费新需求，推动第三产业发展，满足人民群众多样化的出行需求，需要提供大运量、高品质、差异化的运输服务。在这种情况下，未来我国交通基础设施需要按照适度超前的原则，继续保持一定的投资规模和建设速度，全面提升交通总体供给能力和综合服务水平，为实现提质增效增添动力。

### （二）进一步优化调整运输结构

一种运输方式改变，必然会对其他运输方式造成不同程度的影响。随着新增干线铁路和重载铁路的发展，将使铁路货运能力进一步提高，长期以来公路长距离运输大宗散货的局面将得到改观；“十三五”期间全国快速铁路达到 5 万公里的规模，民航机场总数量达到 240 个，铁公航发挥比较优势、合理有序竞争的局面将会到来，公路长距离客运和民航干线短距离客运面临调整。随着新兴的管道运输逐渐向固体货物输送拓展，未来可能更多的用管道来输送煤炭、矿石、垃圾等固体货物，也必将对公路、水路、铁路等运输方式产生巨大影响。

因此，必须站在全局的高度，统筹不同运输方式的协调发展，在交通规划、枢纽建设等方面主动沟通、主动协调、主动衔接，在新的竞争格局中找准自身的比较优势，在整合资源、提高效率、提升服务上多做文章，不断调整优化运输结构，加大信息资源共享和完善公共信息服务系统，使不同运输方式在综合运输体系发展中发挥各自应有的作用。

### （三）持续提升交通运输服务品质

个性化、多样化、高品质的消费将成为未来的主流。2017 年我国人均GDP为8583美元，在世界上排名为70名左右，仍然是一个发展中国家。国际上用来判断消费结构层次高低的恩格尔系数城市居民为0.36、农村居民为0.40，全国平均为0.21，居民消费水平持续提高。从总体上讲，目前我国居民在“衣”“食”方面已经或基本达到小康水平，而“住”“行”相对小康水平差距较大。我国乘用车销量近年来一直处于增长状态，未来家用轿车保有量将会快速增长，预计2020年我国汽车保有量将超过2亿辆[1]。人民生活水平的不断提高，将会直接对交通运输发展产生新的需求。

伴随着人们收入水平的提升和生活质量的改善，人们的出行需求将呈现多样化、高频率、高层次等特征，国际、区际、城际、城市、城镇、城乡客运需求总量迅速扩张，对客运服务的安全性、便捷性、舒适性、时效性等也提出更高要求。

## 第三节　我国交通运输发展的战略取向

### 一、交通运输现代化的价值取向

#### （一）服务于经济社会科学发展

交通运输是国民经济的基础产业，也是现代服务业的重要组成部分，对生产、流通、消费等各个环节有着广泛和重要的影响，是国家对外贸易、国土与资源开发、生产力与城镇布局、地区之间社会经济联系的必要条件，关系着经济竞争能力与国家安全，自古以来都是大国崛起的重要支撑，在实现中华民族伟大复兴的历史征程中承担着重要使命。公路、港口、航道等公共设施和公共产品，直

[1] 交通运输部：《交通运输业智能交通发展战略（2012—2020年）》，2012年7月13日。

接承载着“人和物空间位置移动”的运输服务，为全社会物资流通和人员流动提供基本条件，发挥着支撑国民经济发展、引导生产力布局、沟通城乡、保障国家安全和社会稳定的重要作用。

由于交通运输的基础性和先导性，交通运输发展的战略取向，必须从国民经济和社会发展的需求出发，包括国防、军事等战略需求，围绕国家战略实施、社会生产力布局等方面对交通运输的需求，发挥先行先导作用，为国民经济和社会发展，乃至加强国际交流合作、提升国际地位和影响力等奠定坚实基础。

### （二）服务于社会民生持续改善

交通运输不仅是重要的经济工作，也是重要的民生工程。服务于人民大众，所有人平等享有交通发展的成果，是交通运输发展的出发点和落脚点。只有坚持以人为本，关注民生、服务百姓，从解决人民群众最现实、最关心、最直接的利益问题着手，才能真正赢得社会和群众的认可，树立起良好的行业形象。

交通运输要践行人民交通为人民的根本宗旨，关键是全面提升交通运输基本公共服务均等化水平和服务品质，围绕交通运输发展短板和薄弱环节，进一步优化投资结构，加快西部地区、集中连片特困地区、“老少边穷”地区等交通建设，消除交通瓶颈制约，扩大交通网络覆盖范围和通达深度。同时，增加更多出行选择，改善群众出行体验，更多关注弱势群体出行，不断增加人民群众的获得感，使交通运输发展成果更多更好地惠及全体人民，让人民群众共享交通运输发展的新成果。

### （三）服务于资源环境包容发展

包容性发展具有包容、开放、公平、共享、广泛、全面的特征，同时具有丰富的价值内涵，其核心价值观是人本性，基本要义是公平、参与、共享，精神实质是“包容”，包括与人的包容和与自然的包容。交通运输发展的过程中，正外部性与负外部性并存，必须在物的增值、人的发展和自然发展中寻求发展的平衡点，实现包容性发展。

交通运输发展的正外部性与负外部性并存，只是在不同历史阶段所体现出的侧重点不同。在当前阶段，在交通运输现代化的过程中，必须最大限度地降低交通发展所带来的负外部性，注重资源节约、环境保护，推进废旧材料的回收和综合循环利用。同时，重视交通安全和社会公平，适时调整和完善相关政策，提高全行业的管理水平，最大限度地减少交通发展的负外部性，不断提高社会对交通发展的满意程度，实现交通运输与人、与社会、与自然的协调发展。

## 二、交通运输发展的政策取向

结合当前交通运输发展的阶段和特征，未来一个时期，我国交通运输发展应重点把握以下六个方面的价值标准和政策取向：

### （一）一体化

当前，我国交通运输正处于转型发展、提质增效的关键时期，综合交通运输对经济社会发展的“瓶颈制约”已得到有效缓解，但改革发展中仍面临着交通大部门制改革有待进一步深化、各种运输方式衔接配合机制仍需完善、综合交通运输法规体系亟待健全等突出问题。在我国交通运输实现现代化的过程中，应注重大力发展综合交通，建设现代综合运输体系，促进各种运输方式一体化发展。

在管理体制上，要深入推进大交通管理体制改革，建立健全综合交通运输发展协调机制，加强综合交通运输战略、规划、法规、标准、资金、信息等深度融合统筹，完善综合交通运输管理体系。在发展模式上，各种运输方式按照经济技术特点与比较优势，实现深度融合、有效衔接和协同发展，突出铁路运输骨干作用加强中西部地区干线铁路建设，优化民航航线网络结构加快重点航路大容量空中通道建设，加快城乡区域交通一体化建设，消灭等外路和未铺装路面路段，促进沿海港口资源整合，统筹区域港口群协调发展，形成分工协作、有效衔接、布局合理的现代综合交通运输体系。在运输服务上，大力发展综合性枢纽节点，促进各种运输方式衔接，加快构建结构合理、功能完善、衔接顺畅、联通内外的综合交通基础设施网络，完善多式联运系统、综合交通枢纽等建设与服务标准，实现各种运输方式标准的有效衔接，实现综合运输一体化服务。

（二）信息化

当今世界，信息技术创新日新月异，以数字化、网络化、智能化为特征的信息化浪潮蓬勃兴起。没有信息化就没有现代化。习近平总书记指出“当今世界，信息化发展很快，不进则退，慢进亦退”。党中央、国务院已将信息化工作提升到了前所未有的高度。交通运输是现代信息技术应用最广泛、最活跃的领域，信息化是实现智慧交通的重要载体和手段，没有信息化就没有交通运输现代化。

要围绕交通运输转型升级需求，通过将先进的信息技术集成应用于交通运输领域，推进交通运输数据资源共享和开发利用，以信息化手段有效解决交通运输发展的安全、效率、环保等问题，切实提升交通运输行业管理能力和服务水平，全面支撑交通运输发展便捷、高效、经济、绿色、安全等目标的实现，建设智慧交通，以信息化智能化引领交通运输现代化。坚持问题导向、需求导向和目标导向，落实“互联网＋便捷交通”“互联网＋高效物流”“互联网＋电子商务”“互联网＋政务服务”等方面工作部署，着力夯实数据基础，提升大数据应用能力，大力推动交通治理和运输生产的在线协同，政企合力推进信息服务产业化，构建智慧交通体系，推动“四个交通”融合发展，助力交通运输业转型升级，有效发挥交通运输对经济社会发展的先行作用。

### （三）国际化

习近平总书记在2013年9月和10月分别提出建设“新丝绸之路经济带”和“21世纪海上丝绸之路”的合作倡议，开创了我国全方位对外开放合作的新格局。交通运输是“一带一路”倡议实施的基础条件和重要保障，要增强政治意识、大局意识和责任意识，深化对“一带一路”中交通运输大布局定位、大通道发展、重要项目节点、运输便利化、多平台合作、双边关系以及政府引领作用等的研究，扎实推进重大任务和重点项目的实施，把“一带一路”倡议要求落实到位。

要围绕“一带一路”等合作倡议实施，积极发挥先行先导作用，从经济、社会、国防等方面形成与之相匹配的综合交通功能与结构布局，加快构建联通内外、安全通畅的陆海空国际通道网络，扩大沿线对外开放与交流合作，促进运输服务的国际化和一体化，促进互联互通，为促进国民经济和社会发展、加强国际交流合作奠定坚实基础。深度融入世界交通运输发展格局，在技术、人才等方面开展深度交流合作，提升我国交通运输国际地位，增强国际舞台上的制度话语权和影响力。积极参与国际重要标准的制修订，提高在重要国际标准化组织、重要国际公约制定中的话语权和影响力，在国际标准舞台上充分提升我国地位，增进我国在国际舞台上的话语权。

### （四）绿色化

当今世界，以绿色经济、低碳技术为代表的新一轮产业和科技变革方兴未艾，绿色、循环、低碳发展正成为新的趋向。交通运输业是国家应对气候变化工作部署中确定的以低碳排放为特征的三大产业体系之一，加快交通运输绿色化发展，既是交通运输现代化的必由之路，也是交通运输产业转型升级的迫切需要。

要树立科学的规划、管理理念，推动技术创新和结构调整，构建科技含量高、资源消耗低、环境污染少的产业结构，提高运输组织效能，形成符合生态文明要求的产业体系，推动生产方式绿色化，提高发展质量和效益。促进资源节约和环境保护，在符合资源环境承受力约束的前提下，满足人们摆脱时空束缚的交通运输需求，在物的增值、人的发展和自然发展中寻求发展的平衡点，实现交通与自然的协调发展。

### （五）均等化

交通运输不仅是重要的经济工作，也是重要的民生工程。服务于人民大众，所有人平等享有交通发展的成果，是交通运输发展的出发点和落脚点。只有坚持以人为本，关注民生、服务百姓，从解决人民群众最现实、最关心、最直接的利益问题着手，才能真正赢得社会和群众的认可，树立起良好的行业形象。

要围绕全面建成小康社会的目标，进一步优化投资结构，加快西部地区、集中连片特困地区、“老少边穷”地区交通建设，扩大交通网络覆盖范围和通达深度，打赢交通运输扶贫脱贫攻坚战，补齐贫困地区交通运输发展短板。加快推进农村公路建设和农村客运发展，实现“外通内联、通村畅乡、班车到村、安全便捷”。完善城市交通微循环体系建设，大力发展城市公共交通，积极保障陆岛运输，推动航空出行大众化，所有建制村直接通邮，推进各种运输方式“零距离”换乘，保障人民群众平等享有路权、航权、邮权和现代综合运输体系的便利，增加更多出行选择，更多关注弱势群体出行，促进基本交通运输服务均等化。

### （六）法治化

党的十八届五中全会通过的《中共中央关于制定国民经济和社会发展第十三个五年规划的建议》指出，法治是发展的可靠保障，必须坚定不移走中国特色社会主义法治道路，加快建设中国特色社会主义法治体系，建设社会主义法治国家，并明确要求，把经济社会发展纳入法治轨道。必须按照建设法治政府的要求，在法治轨道上推进交通运输发展，才能确保交通运输改革发展的顺畅推进。

要积极推动交通运输立法进程，完善交通运输法律法规体系，健全交通运输行政决策、执行、监督制约协调机制，强化依法行政，接受社会监督。在法律框架下，进一步改革创新，正确处理政府与市场、社会的关系，划清政府与市场、政府与社会的边界，制定政府权力清单、责任清单、市场负面清单，完善交通运输行政决策、执行、监督制约协调机制，建立起政府、市场、社会间相互协调、多元共治的治理架构和运行体系，建立完善综合交通和运输标准体系，实现治理体系和治理能力现代化。

# 第六章　新时代交通文化建设面临的形势要求

党的十九大立足新时代新征程，作出了建设交通强国的重大决策部署，这是以习近平同志为核心的党中央对交通运输事业发展阶段特点和规律的深刻把握，是全国人民对交通运输工作的殷切期望，也是新时代全体交通人为之奋斗的新使命。在新的发展阶段，我国交通运输供给不足的状况已发生根本性转变，满足人民出行需求的关键已从“有没有”转为“好不好”，这不仅对于交通运输事业发展，而且对于交通文化建设相关工作也提出了新的更高要求。

## 第一节　社会主义文化建设的总体要求

在党的十九大报告中，习近平总书记提出，要坚定文化自信，推动社会主义文化繁荣兴盛，并明确指出：“发展中国特色社会主义文化，就是以马克思主义为指导，坚守中华文化立场，立足当代中国现实，结合当今时代条件，发展面向现代化、面向世界、面向未来的，民族的科学的大众的社会主义文化，推动社会主义精神文明和物质文明协调发展。”概况来讲，新时代中国特色社会主义文化建设，主要有以下几个方面的要求：

## 一、牢牢掌握意识形态工作领导权

必须推进马克思主义中国化、时代化、大众化，建设具有强大凝聚力和引领力的社会主义意识形态，使全体人民在理想信念、价值理念、道德观念上紧紧团结在一起。要加强理论武装，推动新时代中国特色社会主义思想深入人心。深化马克思主义理论研究和建设，加快构建中国特色哲学社会科学，加强中国特色新型智库建设。高度重视传播手段建设和创新，提高新闻舆论传播力、引导力、影响力、公信力。加强互联网内容建设，建立网络综合治理体系，营造清朗的网络空间。落实意识形态工作责任制，加强阵地建设和管理，注意区分政治原则问题、思想认识问题、学术观点问题，旗帜鲜明反对和抵制各种错误观点。

## 二、培育和践行社会主义核心价值观

社会主义核心价值观是当代中国共产党人对中华优秀传统文化的创造性转化和创新性发展成果，是为国家立心、为民族铸魂、为社会聚力，是照耀中华民族思想星空最灿烂的星辰。“核心价值观是一个民族赖以维系的精神纽带”。党的十八大以来，以习近平同志为核心的党中央高度重视社会主义核心价值观建设，采取一系列重大举措，推动社会主义核心价值观广泛弘扬，凝聚了团结奋进的强大力量。

要以培养担当民族复兴大任的时代新人为着眼点，强化教育引导、实践养成、制度保障，发挥社会主义核心价值观对国民教育、精神文明创建、精神文化产品创作生产传播的引领作用，把社会主义核心价值观融入社会发展各方面，转化为人们的情感认同和行为习惯。坚持全民行动、干部带头，从家庭做起，从娃娃抓起。深入挖掘中华优秀传统文化蕴含的思想观念、人文精神、道德规范，结合时代要求继承创新，让中华文化展现出永久魅力和时代风采。

## 三、加强思想道德建设

国无德不兴，人无德不立。中华传统美德在新时代绽放出新的光芒。社会公德、职业道德、家庭美德、个人品德建设全民参与，家风家教、校风校训、乡风民约古风浩荡，诚信建设、志愿服务入规入制，时代楷模、道德模范、最美人物感动中国。中华优秀传统文化、革命文化、社会主义先进文化为文化自信增添了最深厚的底蕴、最坚固的底色、最雄浑的底气，建设社会主义文化强国成为时代的最强音。

人民有信仰，国家有力量，民族有希望。要提高人民思想觉悟、道德水准、文明素养，提高全社会文明程度。广泛开展理想信念教育，深化中国特色社会主义和中国梦宣传教育，弘扬民族精神和时代精神，加强爱国主义、集体主义、社会主义教育，引导人们树立正确的历史观、民族观、国家观、文化观。深入实施公民道德建设工程，激励人们向上向善、孝老爱亲，忠于祖国、忠于人民。加强和改进思想政治工作，深化群众性精神文明创建活动。弘扬科学精神，普及科学知识，开展移风易俗、弘扬时代新风行动，抵制腐朽落后文化侵蚀。推进诚信建设和志愿服务制度化，强化社会责任意识、规则意识、奉献意识。

## 四、繁荣发展社会主义文艺

要繁荣文艺创作，坚持思想精深、艺术精湛、制作精良相统一，加强现实题材创作，不断推出讴歌党、讴歌祖国、讴歌人民、讴歌英雄的精品力作。发扬学术民主、艺术民主，提升文艺原创力，推动文艺创新。倡导讲品位、讲格调、讲责任，抵制低俗、庸俗、媚俗。加强文艺队伍建设，造就一大批德艺双馨名家大师，培育一大批高水平创作人才。

### 五、推动文化事业和文化产业发展

满足人民过上美好生活的新期待，必须提供丰富的精神食粮。要深化文化体制改革，完善文化管理体制，加快构建把社会效益放在首位、社会效益和经济效益相统一的体制机制。完善公共文化服务体系，深入实施文化惠民工程，丰富群众性文化活动。加强文物保护利用和文化遗产保护传承。健全现代文化产业体系和市场体系，创新生产经营机制，完善文化经济政策，培育新型文化业态。广泛开展全民健身活动，加快推进体育强国建设，筹办好北京冬奥会、冬残奥会。加强中外人文交流，以我为主、兼收并蓄。推进国际传播能力建设，讲好中国故事，展现真实、立体、全面的中国，提高国家文化软实力。

## 第二节　交通文化建设的形势要求

党的十八大以来，中央就文化建设和新闻宣传工作作出了一系列重大决策部署，为进一步做好交通运输行业的文化建设及相关工作指明了方向。当前及未来一个时期，是交通运输行业贯彻落实“四个全面”战略布局、加快交通强国建设、推进交通运输现代化的攻坚期，交通文化建设及相关工作面临新的形势和更高要求。

### 一、坚定文化自信

坚定中国特色社会主义文化自信，是习近平新时代中国特色社会主义思想的重要内容，也是深刻认识当前我国文化建设规律的基本遵循。在庆祝中国共产党成立95周年大会上，习近平总书记指出，“坚持不忘初心、继续前进，就要坚持中国特色社会主义道路自信、理论自信、制度自信、文化自信”。在十九大报告中，习近平总书记进一步强调，“文化自信是一个国家、一个民族发展中更基本、更深沉、更持久的力量”。习近平总书记对文化自信的高度重视，表明我们党对中国特色社会主义文化建设规律的认识更趋成熟。

交通运输行业文化建设及相关工作要紧紧围绕“用中国特色社会主义凝聚思想共识”这一重大任务，紧密结合交通运输工作实际，积极引导广大干部职工准确理解中国特色社会主义道路、理论体系和制度的基本内涵，深入学习贯彻习近平总书记关于治国理政的重大战略思想、重大理论观点、重大工作部署，系统把握全面建成小康社会、全面深化改革、全面依法治国、全面从严治党的战略布局，充分认识中国道路的独特创造、理论的独特贡献、制度的独特优势，切实增强道路自信、理论自信、制度自信和文化自信，真正做到“千磨万击还坚劲，任尔东西南北风”，坚定主心骨、把好方向盘，凝聚起攻坚克难的强大精神力量，更加坚定自觉地投身交通运输改革发展的生动实践。

## 二、培育共同价值追求

社会主义核心价值观是我们时代价值的最大“公约数”，必须以培育和践行社会主义核心价值观统领行业精神文明建设和新闻宣传工作，培育交通运输行业共同的价值追求，形成最持久、最深层的精神感召力。充分发挥行业窗口优势宣传普及社会主义核心价值观，利用“车船路港站”等场所，做好“图说我们的价值观”“讲文明树新风”等公益广告的刊播，使交通运输行业成为宣传展示社会主义核心价值观的流动风景。把法治教育纳入行业精神文明创建内容，把法治理念和法治原则体现到行业发展的政策制度和行为准则中，引导全行业树立法治信仰，建设法治文化，推动法治实践。积极开展“爱岗敬业、明礼诚信”主题实践活动，教育引导干部职工强化敬业意识，热爱本职工作和平凡岗位，保持严谨的工作作风和礼貌热情的态度，为人民群众提供周到细致的服务，引导公众文明出行、文明旅游。深入开展学雷锋志愿服务活动，鼓励干部职工从身边做起，从小事做起，积极培育行业特色志愿文化，推出一批行业最佳志愿者、志愿服务组织、志愿服务项目。在社会主义核心价值观的引领下，结合行业特点、文化传承和时代特征，凝练行业价值理念，升华新时期交通精神，力争在践行社会主义核心价值观中当好先行者。

## 三、蕴育共同道德文化

国无德不兴、人无德不立。加强社会公德、职业道德、家庭美德和个人品德建设，挖掘和传承交通运输行业职业道德财富，建立起覆盖全面、特色突出的行业职业道德规范。以典型模范为引领带动行业道德建设，积极推选宣传“最美人物”“身边好人”“时代楷模”，通过开展“感动交通年度人物评选活动”，让感动交通人物感动社会、感动中国。以文化精品工程为依托加强行业特色文化和主题文化建设，推动建设行业博物馆、展览馆和交通环境文化人文景观，加大对“雷锋车”“情满旅途”等文化品牌的宣传，倡导“书香交通”全民阅读。以群众性精神文明创建推动道德文化建设，开展文明工地、文明车船路港站、文明示范窗口创建活动，做好全国文明单位、青年文明号、巾帼建功等各类创建工作，强化价值引领和道德内涵。

坚持创建为民、惠民，找准精神文明创建活动与干部职工道德文化需求的契合点，注重人文关怀和心理疏导，充分发挥道德文化滋养心灵的作用；找准精神文明创建活动与社会公众需求的契合点，在贯穿结合融入上见成效，让交通运输职业道德和行业文化转化为热情服务、文明执法的自觉行动。塑造行风政风家风，深入推进主题实践活动，加强廉政文化建设，教育引导广大干部职工注重家庭、注重家教、注重家风，以和睦的家庭氛围蕴育干事创业的热情激情，为交通运输发展提供风清气正的内外部环境。

## 四、提升发展软实力

高度重视提升国家软实力，是党的十八大以来新一届中央领导集体治国理政的一个鲜明特点。习近平总书记指出："我们要深刻认识经济基础对上层建筑的决定作用，深刻认识上层建筑对经济基础的反作用，既要有硬实力，也要有软实力"。

改革开放以来，我国在高速铁路、高速公路、重大桥隧、大型港口、民航机场等交通基础设施建设方面取得重大成就，很多指标已位居世界前列，可以说交通运输硬实力建设已达到一个相对较高的水平。但软实力建设相对显得比较滞后，一小部分人"重物质建设轻精神建设"的惯性思维根深蒂固，行业治理体系和治理能力跟不上交通基础设施高速增长的步伐，行业管理服务水平与发达国家相比还存在较大差距，交通运输建设发展的巨大成就还没有与时俱进地转化成社会的认可度和行业的美誉度，交通运输行业软实力建设已经到了刻不容缓、必须引起高度重视的时候。必须以全面的辩证的观点正确处理物质文明和精神文明的关系，把精神文明建设和新闻宣传工作贯穿交通运输改革发展全过程，让"硬建设"和"软建设"同步推进、互相促进，以行业软实力的提升促进综合实力的全面增强。

## 五、构筑共同精神家园

习近平总书记强调，"人民有信仰，民族有希望，国家有力量""对一个民族、一个国家来说，最持久、最深层的力量是全社会共同认可的核心价值观"。

交通运输是一个具有优良历史传统和深厚文化底蕴的行业，在

“铺路架桥、行善积德”传统文化滋养下，形成了“上下一条心、全国一盘棋”的文化理念和实干苦干、稳扎稳打的优良作风。交通运输发展历程，也是我们培育行业文化、凝练交通精神、丰富交通人共同精神家园的过程。在新的起点上推动交通运输事业可持续发展，必须更加重视共同精神家园建设，进一步强化共同理论武装、培育共同价值追求、蕴育共同道德文化，凝聚起当代交通人的价值“公约数”，增强交通运输干部职工的归属感、自豪感、荣誉感，进一步提升交通运输行业的凝聚力、战斗力、向心力，团结一致朝着交通运输现代化的美好愿景不断前进。

## 六、建设人民满意交通

习近平总书记强调：“抓精神文明建设要办实事、讲实效，紧紧围绕促进人民福祉来进行。”交通运输联系千家万户，服务亿万群众，与人民群众生产生活息息相关。行业文化建设工作本质上是服务群众的工作，为民、利民、惠民是工作的出发点和落脚点。中央对文化建设工作的要求，交通运输的服务性基本属性功能，在服务人民群众这一点上高度契合。

长期以来，我们不断改善人民群众安全便捷出行条件，形成了“要想富、先修路”的群众期盼和“经济发展、交通先行”的社会共识，获得了人民群众的积极拥护和大力支持。新形势下建设人民满意交通，既要继续搞好物质建设，持续提升基础设施水平和运输服务质量，使人民群众享受到实实在在的交通便利，更要搞好精神文明建设和新闻宣传工作，进一步拓展建设人民满意交通的丰富内涵。坚持以人民为中心的工作导向，坚持以建设人民满意交通为目标，加强和改进精神文明建设和新闻宣传工作，不断提升交通运输行业的理想信念、价值追求、道德文化、文明风尚水平，始终与人民群众同呼吸共命运，倾力办好顺民意、解民忧、增民利的实事好事，增强交通运输部门的公信力和交通运输工作的认可度、美誉度。

## 七、讲好交通故事

一个前进的时代总有一种向上的精神，一个发展的行业总有一种积极的主流观念。当今社会，思想文化不断交流交融交锋，价值观念日益多元多样多变，社会公众的兴趣点、共鸣点、兴奋点大不一样了，以前惯用的宣传口号化标语化、讲故事套路化模板化、解读政策说教化空洞化、培树典型神圣化脸谱化等做法，群众不愿看、不愿听、不愿信，如何讲好交通故事、提升行业形象，已成为当前一项紧要任务。广大干部职工都要当好交通故事的实践者、宣传者、推动者。坚持团结稳定鼓劲，正面宣传为主，唱响主旋律，传播正能量，为交通运输改革发展鼓与呼，不断凝聚人心、鼓舞士气、提振精神；加强新的话语体系建设，善于用新理论阐释政策创新、推动行业发展，着力打造具有行业特色、顺应时代要求、符合受众口味的新概念、新范畴、新表述；遵循传播规律，讲究宣传艺术，把握好时、度、效，提高议题设置能力和舆论引导能力；力戒居高临下、照搬照抄的空洞说教，摈弃语言生硬、形式刻板的模式套路，多挖掘那些富有时代气息、代表行业主流、得到广泛认同的人和事，多用通俗易懂、具体生动、群众喜闻乐见的方式讲故事，使群众爱听爱看、产生共鸣，使干部职工受到鼓舞、增强认同。

## 八、正确引导舆论

当今世界，信息传播技术日新月异，“互联网＋”创新模式深刻影响着社会生产生活方式和思想观念传播模式。面对新形势新变化，我们还没有完全跟上互联网时代的步伐，网上舆情监测需要进一步加强，应对热点焦点问题的政策和话语储备还不够，面对新媒体存在“本领恐慌”。

话语权决定主动权，透明度决定公信度，必须找准思想认识的共同点、利益关系的交汇点、化解矛盾的切入点，尽早发出正面声音，主动公布权威信息，先声夺人，争取第一落点，把主动权牢牢掌握在自己手中。传播力决定影响力，传得开才能叫得响，舆论工作是做人的工作的，人在哪里传播力就在哪里，牢固树立阵地意识，清醒地认识到互联网已经成为舆论传播和斗争的主阵地，你不去占领别人就会占领，你不去发声别人就会发声。互联网时代比任何时候都更需要创新，必须坚持理念创新、手段创新、基层工作创新，把握时代脉搏，占领信息传播的制高点，为交通运输发展争取舆论支持、优化外部环境。

因此，交通运输行业文化建设和新闻宣传工作要善于运用“互联网+”思维，有效应对人们价值观念更加多元、思维方式更加活跃、意识形态更加复杂带来的挑战，加强和改进新时代文化建设和新闻宣传工作，提升舆论引导能力特别是网上舆论引导能力做好舆论引导，积极策划，深度宣传，创新宣传理念和宣传手段，把握时、度、效，在深、实、新上下功夫，改进形势宣传、成就宣传、主题宣传、典型宣传，让职工和人民群众爱听爱看、产生共鸣，展示交通人的时代风采，充分发挥正面宣传激励人、鼓舞人的作用。

## 九、提升行业公信力

诚信是公民道德的基石。交通运输行业是社会诚信体系建设的重点领域，按照中央《关于推进诚信建设制度化的意见》的要求，加快建设行业诚信体系，把诚信作为推动交通运输事业持续健康发展的道德支撑。加强诚信宣传教育，深化“争当诚信职工、争创诚信交通”活动，使诚实守信成为干部职工的思想自觉和行动自觉，形成崇尚诚信、践行诚信的行业风尚。完善诚信建设制度，围绕工程建设、运输服务、安全生产、信息统计、行政执法等重点领域，聚焦群众和社会关心关注的规划编制、项目招投标、窗口服务等关键环节，协调推进政务诚信、商务诚信、社会诚信体系建设。进一步健全行业信用制度和信息标准，加快信用信息系统平台建设，建立健全征信系统，完善守信激励和失信惩戒机制，推动形成有利于诚信建设的法治环境和政策导向。

## 十、增强国际话语权

当今世界是开放的世界，当今中国是开放的中国。正如习近平总书记指出的："中国和世界的关系正在发生历史性变化，中国需要更好地了解世界，世界需要更好地了解中国"。随着中国综合国力和国际地位的提升，随着世界的目光越来越多地投向中国，中国的国际传播能力建设也不断加强。要加强国际传播能力建设，增强国际话语权，集中讲好中国故事，同时优化战略布局，着力打造具有较强国际影响的外宣旗舰媒体。贯彻落实习近平总书记的重要指示精神，交通运输行业文化建设及新闻宣传工作者需要创新推动、持续用劲，全方位、立体化传播中国声音，着力讲好中国人、交通人的故事，讲好中国特色社会主义的故事，讲好中国共产党的故事，用真诚连接中外，用真情沟通世界。

# 第七章　新时代交通精神的形成与传播

作为一个历史悠久、文化厚重的行业，交通运输行业的精神既有动态的时空影像，也有静态的时间定格，包含的意义广阔深远。高度概括从古到今交通人的精神气质不是一件容易的事情，它是历史的沉淀和堆积，从远古走来，既是交通运输一脉相承的人文现象，又是中华文明在交通领域的具体呈现；它是未来的展望与畅想，面向未知的时空，既承载了未来交通发展的不同元素及其组合所带来的变革，又融合了中华民族锐意进取、不断创新精神在新时代的新特征。

## 第一节　中华民族精神的演进和发展

民族精神是一个在民族适应环境，改造世界，形成自己特有语言、习俗和人文传统的长期发展历程中，表现出来富有生命力的优秀思想、高尚品格和坚定志向。民族精神是一个民族赖以生存和发展的精神支撑。一个民族没有优秀的精神品格，就不可能屹立于世界先进民族之林；一个国家没有凝聚人心的民族精神和与时俱进的时代精神，就不会有旺盛的生命力、强大的凝聚力和卓越的创造力。

在五千年的历史演进中，中华民族形成了以爱国主义为核心的团结统一、爱好和平、勤劳勇敢、自强不息的伟大民族精神。作为一个民族漫长历史的积淀与升华，以爱国主义为核心的伟大民族精神，已经深深地融入我们的民族意识、民族品格、民族气质之中，成为各族人民团结一心、共同奋斗的价值取向。

千百年来，无论面对多少困难挫折，面临多少艰难险阻，中华民族都始终高擎民族精神和时代精神的火炬。中华民族生生不息、薪火相传、奋发进取，靠的就是这样的精神；中华民族抵御外来侵略、赢得民族独立和解放，靠的就是这样的精神；在新的历史时期，抓住机遇，加快发展，由贫穷走向富强，靠的也是这样的精神。

中国共产党在领导全国各族人民进行革命、建设和改革的过程中，不断丰富和发展着中华民族精神，使民族精神得以生生不息：

井冈山精神——坚定信念、艰苦奋斗、实事求是、敢闯新路、依靠群众、勇于胜利。

长征精神——乐于吃苦，不惧艰难的革命乐观主义精神；勇于战斗，无坚不摧的革命英雄主义；重于求实，独立自主的创新胆略；善于团结，顾全大局的集体主义。

延安精神——坚定正确的政治方向，解放思想实事求是的思想路线，全心全意为人民服务的根本宗旨，自力更生艰苦奋斗的创业精神、理论联系实际、不断开拓的创新精神。

大庆精神———为国争光、为民族争气的爱国主义精神；独立自主、自力更生的艰苦创业精神；胸怀大局、为国分忧的奉献精神。

两弹一星精神——热爱祖国、无私奉献、自力更生、艰苦奋斗、大力协同、勇于登攀。在六十年代极不寻常的时期，中国科学家在物质技术基础十分薄弱的条件下，较短的时间内成功研制出了

“两弹一星”，创造了非凡的人间奇迹。

抗洪精神——万众一心、众志成城、不怕困难、顽强拼搏、坚忍不拔、敢于胜利。1998 年夏天，中国人民战胜了历史上罕见的大洪水，抗洪军民展示出了一种崇高的精神。

载人航天精神——特别能吃苦、特别能战斗、特别能攻关、特别能奉献。我国神舟五号、六号飞船的发射成功，是我国航天事业发展史上新的里程碑。载人航天精神具有丰富的思想内涵和鲜明的时代特征，是伟大民族精神的延伸和扩展，是实践“三个代表”重要思想的具体体现。

青藏铁路精神——2006 年 7 月 1 日青藏铁路全线通车。青藏铁路建设者们顽强拼搏、求实创新，克服了一个个难以想象的艰难险阻，凭借“挑战极限、勇创一流”的青藏铁路精神，为青、藏两省区乃至整个中国在新世纪实现经济腾飞，为新时期中华民族精神的重塑与弘扬输入了新的动力。

弘扬和培育反映时代特征、适合社会发展要求的民族精神，才能使民族精神永葆生机和活力，真正支撑起民族的精神大厦。进入 21 世纪，时代发展出现了许多新情况、新特点。这些时代发展的新特点，要求民族精神的内涵需要不断丰富和拓展，包括培育开放精神、竞争精神、兼容精神、科学精神、理性精神、诚信精神等民族精神，以使民族精神富有时代气息，顺应时代发展潮流。民族精神作为综合国力的重要组成部分，是衡量综合国力的重要标志。面对世界范围各种思想文化的相互激荡，面对国内改革发展稳定的艰巨任务，弘扬和培育民族精神，能充分发挥每一个成员的主观能动性和创造精神，就能最大限度地凝聚和动员全民族的智慧和力量，有效地应对各种各样的挑战，为经济发展和社会全面进步提供精神动力和智力支持，在综合国力的激烈竞争中立于不败之地。

弘扬和培育民族精神，要从每一个人做起，从具体事情做起。中华民族的每一个子孙都有责任、有义务，也有能力、有条件为弘扬和培育民族精神作出自己的贡献。弘扬和培育民族精神既体现在国家、民族和他人处在危难时刻能挺身而出，还更多地表现在日常的学习工作中能够爱岗敬业、勤勤恳恳、任劳任怨。我们每一个人都要坚持从自己做起，从现在做起，从一点一滴做起，以实际行动为弘扬和培育民族精神贡献自己的一份力量。

## 第二节　交通精神的核心元素

习近平总书记在十九大报告中指出："经过长期努力，中国特色社会主义进入了新时代，这是我国发展新的历史方位。"中国特色社会主义进入新时代，对中华民族、对科学社会主义、对全人类都具有重大意义。民族精神和时代精神在新时代的集中体现和反映，是新时代交通精神产生的丰厚土壤，也决定了新时代交通精神的取向和特征。在新时代，交通精神在继承优良传统的基础上，又被赋予了新的时代特征。发掘新时代交通精神的时代元素，是凝练形成新时代交通精神的前提和根本，也是确保交通精神体现时代特征的重要手段。

### 一、交通精神的典型传统要素

#### （一）安全

安全是交通发展的永恒主题。安全第一，安全至上，是交通人服务社会、服务公众的第一理念。安全不是一切，但没有了安全就没有一切。早在 1964 年全国交通运输工作会议上，就明确指出"服务好的目标是：安全优质，准确及时，经济方便，热情周到"

"以人为本，安全第一，生命至上"。近年来，全国交通运输系统普遍推行了安保工程，深入开展了交通运输基础设施安全隐患整治活动，各省、市、区交通系统按照原交通部的要求，狠抓"安保工程"建设，全面提高公路水路安全抗灾能力和服务水平，确保完成安全隐患路段（水域）、危桥险桥的整治任务。

自安保工程实施以来，全国公路水路安全服务水平得到很大提高，保障人民生命财产的安全作用已经逐步显现，防止了多起重大事故的发生，减小了事故损失，挽救了驾乘人员的生命。

### （二）服务

交通运输行业，一切为了社会公众，一切为了经济发展。为社会公众提供优质服务，在为人服务中体现自身价值，全心全意的服务理念已在交通运输行业形成，并充分体现"以人为本"，重点突出"服务经济"，全面服务"可持续发展"，最大限度地满足了人民群众的出行要求，创造了安全、舒适、便捷的通行条件，使社会各界深切感受到现代交通给生产、生活带来的巨大便利。

2007 年全国交通工作会议提出交通运输行业要从传统基础产业向现代服务业转变，并明确要做好"三个服务"：服务国民经济和社会发展全局，服务社会主义新农村建设，服务人民群众安全便捷出行。"三个服务"着眼于强化服务意识，提高服务能力，改进服务水平，立足于解决交通从粗放型增长向集约型增长转变，由生产增长为导向的发展向以服务质量为导向发展转变的问题，实现交通又好又快发展。

### （三）奉献

一心为了交通运输事业，一心为了天下行路人，吃苦耐劳，甘当铺路石，乐于奉献，数十年来，这些已经成为我国交通人精神的沉淀。

在过去物质条件工作条件极端艰苦困难的条件下，我国交通人依然能艰苦奋斗、乐于奉献。即使在当今社会不断进步、环境大大改善的条件下，交通人仍然不忘艰苦奋斗，仍然甘当铺路石，继续奉献，这本身就反映了建立在“公心”基础上的奉献精神的绵延与传承。

“铺路石”精神因路而生，与路同在，作为先前一段时期交通运输行业精神的归纳与提炼，它是生动的、形象的，也是具体而充满温情的，是几十年来交通运输行业自身发展中精神元素的积累与沉淀。一心为公、和衷奉献的精神，已作为交通人的传统精神被继承了下来。鉴往知来，“服务人民、奉献社会”已成为交通运输行业的发展目标和价值追求。

“航标灯精神”集中表现为“燃烧自己，照亮别人，默默奉献”。正是有这种航标灯精神的鼓励，航标工作者们不断克服航标建设、管理过程中的层层困难，不断探索新技术，不断运用新科技提高航标管理的效率和服务水平。在航标精神文化建设过程中，涌现出了一大批先进劳模，他们身上体现出的那种艰苦奋斗、无私奉献的精神，成为我国水运事业发展的内生动力，发挥着源源不断的激励作用。

### （四）忠诚

交通运输行业的忠诚，不是传统观念中所谓臣子对君主的忠诚和下级对上级的忠诚，而是建立在广大交通职工对自己投身的事业的热爱，致力于事业的发展，立足服务于公众出行的忠诚。

忠于事业，就要忠于自己所属的事业组织，也就是忠于自己的职业选择。也可以说，忠诚事业就是对组织的忠诚，对自己的忠诚。忠诚绝不是一种口号，而是一种实实在在的实践；绝不是一时的工作标准，而是一种持之以恒的信念；绝不是一种静止的概念，而是一种工作、生活和为人立世的理念。对于交通职工而言，忠诚事业的关键要处理自身利益与事业利益的关系，以维护事业利益为荣，以损害事业利益为耻，忠诚事业就要爱岗敬业，努力做好自身的职业。

在当今交通运输行业，绝大多数职工是爱岗敬业的。他们热爱交通运输事业，忠诚于交通运输事业，具有深厚的献身交通运输事业的理念。不少交通运输干部职工为交通运输事业“献了青春献终生，献了终生献儿孙”，用青春和生命为我国交通运输事业写下了无限的忠诚。

（五）进取

进取是职工进步的阶梯，是事业进步的源泉。

当今时代是一个充满竞争的时代，要想不被时代所抛弃，就要与时俱进，甚至超前发展；要想在这个大环境下担当领跑者的角色，就更应该敢为人先，勇于开拓，奋力进取。不甘落后，不甘停滞，在不断进取中，勇于拼搏，敢于竞争，追求卓越，争创先进，已成为交通运输行业的普适性价值理念。

进取争先是每一个交通运输干部职工成功成材的阶梯，也是交通运输事业实现又好又快发展的动力之源。不甘落后、不甘停滞，在不断进取中强抓机遇、勇于拼搏、敢于竞争、追求卓越、争创先进，已成为中国交通的普适性的思想理念。

交通人作为先锋队、战斗队和服务队，在不同的时期和条件下，在意识形态里形成了独特的理念，从战天斗地的抗争意识到艰苦卓绝的奋争意识，从参与市场的竞争意识到时不我待的抢先意识，在进取争先中一路走来。交通人改造自然，服务民生，执着追求，克难求进，奋勇争先，用拼搏和汗水带来了交通事业的累累硕果。

## 二、交通精神的典型时代元素

### （一）科学

以人为本，全面协调，可持续发展的科学发展观，是当代中国交通事业的重要发展理念。近几年来，全国交通系统认真贯彻“建设是发展，养护管理也是发展”的指导思想，立足全面发展，交通事业取得了显著成绩。交通规模大大扩充，基础设施质量稳步提升，技术状况显著改善，服务内涵得到逐步拓展，出行保障能力和公共服务水平全面提升。

交通建设为交通物质文化奠定了坚实基础。交通的建设是交通物质文化建设的基础，直接影响着交通物质文化建设的水平，决定着交通物质文化建设的深度、广度和进度。因此，交通建设的又好又快发展是做好交通物质文化建设的重要基本和根本前提。如今，科学持续的发展观，在全国交通运输行业已经得到了广大公路职工的普遍认同，成为广大交通人的自觉追求。

### （二）绿色

可持续发展的内容之一就是人与自然的和谐。只有加强环境保护，实现人与自然真正和谐相处，才是落实科学发展观的具体体现。环境保护不仅是一项基本国策，是社会持续发展的一个永恒不变的主题，而且是一项利在当代、功在千秋的崇高事业，是社会各界的共同责任。近年来，交通运输主管部门提出了“以人为本、节约资源、尊重自然、保护环境”的全新理念。对于交通运输行业来说，交通规划、设计、建设、养护的每一个环节都与环境保护密切相关。

结合这些问题，近年来，原交通部提出了走资源节约型和环境友好型之路，促进交通运输行业的可持续发展。全国各省、市、区交通部门在交通建设规划、设计、施工、养护等方面，积极贯彻环境保护的思想理念，坚持在建设项目的前期做好工程环境影响评价，在施工、运输、养护等阶段采取环境管理对策，努力不让交通运输成为环境的破坏者。环保理念在交通运输行业已经开始深入人心，得到了普遍认同和积极倡导，并且成为越来越多交通人的自觉追求，也取得了明显成绩。

（三）诚信

党的十七大报告提到“诚信”二字，强调“以增强诚信意识为重点，加强社会公德、职业道德、家庭美德、个人品德建设”。“八荣八耻”的社会主义荣辱观中也提到了“以诚实守信为荣”。诚信在“八荣八耻”中突显其重要的位置与作用。诚实做人心无愧，诚实做事事有成；诚实守信是立身之本、处世之道。

诚信是中华民族的传统美德，自古以来就是修身立国之本。加强诚信是社会主义三个文明建设的重要组成部分，也是构建和谐交通运输行业的主要内容。以诚为本、以诚待人、以诚立信的诚信理念已经在全国交通系统推广。在为公众服务中，交通运输行业十分强调实事求是的诚信理念。在交通的规划、建设、养护、管理、收费、服务工作中，诚信服务始终贯穿于交通服务链条的每个环节，对各级政府恪守诚信，对社会公众恪守诚信，对合作伙伴恪守诚信。诚信服务体现了交通服务的质量和价值。

交通运输行业是重要的“窗口”行业，服务性和社会性强，影响面广，与人民群众的生产生活息息相关。近年来，全国交通运输行业以学习实践社会主义荣辱观为主线，教育和引导了广大干部职工知荣辱、明是非、辨善恶、识美丑，引导了广大干部职工树立正确的世界观、人生观、价值观，促进了全行业形成爱岗敬业、诚实守信、办事公道、服务群众、奉献社会的良好风尚。同时，全国交通系统积极深入开展了丰富多彩的“诚信”实践活动，大力推进了交通运输行业“诚信”体系建设。紧紧瞄准人民群众需求，从人民最不满意、反映最强烈的问题抓起，千方百计把方便留给人民。以开展的“文明诚信公路”“文明诚信单位”“诚信示范单位”“文明诚信机关”“文明诚信工地”“文明诚信窗口”“文明诚信职工”“诚信标兵”“文明诚信家庭”“诚信服务进万家”“青年文明号信用建设示范行动”“共铸诚信、服务社会”“公示牌”“诚信档案”以及对失信违约者实行“黑名单”制度等“诚信”实践活动为载体，将“诚信”建设贯穿到交通建设、养护管理、服务和监督之中，取得了良好的社会效应。

### （四）融合

经过多年发展，我国各种运输方式发展快速，基础设施、运输量等总体规模进入了世界前列。但总体来看，我国综合运输体系建设还需要加强，整体效率还亟待提高，服务水平还有较大提升空间。面对社会对综合运输体系越来越高的诉求，资源环境对交通发展的可持续要求，以及公众对高效、合理的行政治理期望，迫切需要促进不同运输方式之间的融合协调，不断加快推进综合运输体系建设步伐。

此外，当前的科技发展日新月异，新技术、新模式、新业态层出不穷，并且与传统领域融合的速度不断加快。交通发展要顺应人工智能、物联网、大数据等新一代信息技术以及自动驾驶等新技术、新业态、新模式迅猛发展的态势，以更加开放的姿态，注重在与行业密切相关的新兴领域布局，充分运用现代技术发展的最新成果，不断提升交通服务的整体能力和水平。

### （五）创新

2017 年 10 月，习近平总书记在党的十九大报告中，做了关于“加快建设创新型国家”的论述，指出：“创新是引领发展的第一动力，是建设现代化经济体系的战略支撑。要瞄准世界科技前沿，强化基础研究，实现前瞻性基础研究、引领性原创成果重大突破。加强应用基础研究，拓展实施国家重大科技项目，突出关键共性技术、前沿引领技术、现代工程技术、颠覆性技术创新，为建设科技强国、质量强国、航天强国、网络强国、交通强国、数字中国、智慧社会提供有力支撑。加强国家创新体系建设，强化战略科技力量。”

近年来，全国交通系统坚持与时俱进，不断总结实践经验，充分借鉴先进国家的发展成果，以新观念和新思路推进了交通事业的发展，不断通过体制改革、制度创新、科技创新和服务创新，实现了交通事业的跨越式发展。在建设交通强国的背景下，全行业要围绕实施科技创新引领战略，加快基础设施、重大装备、运输服务等领域关键共性技术、前沿引领技术、现代工程技术、颠覆性技术创新，推动构建以企业为主体、市场为导向、政产学研用深度融合的科技创新体系，切实以科技创新的成果支撑交通强国建设。

## 第三节　交通文化建设的既有基础

2011 年 7 月，原交通部印发实施《交通运输行业核心价值体系建设实施纲要》，提出交通运输行业核心价值体系，由行业核心价值观、行业使命、共同愿景、交通精神、职业道德构成，与社会主义核心价值体系一脉相承，反映了社会主义核心价值体系的深刻内涵和精神实质，是社会主义核心价值体系在交通运输领域的具体体现。交通运输行业核心价值体系明确了交通运输行业的根本宗旨、时代责任、目标追求、精神动力、职业操守等内容，体现了国家层面、社会层面、个人层面社会主义核心价值观的基本价值取向，是引领交通运输行业干部职工奋发向上的共同思想基础。

行业核心价值观、行业使命、共同愿景、交通精神和职业道德，共同构成了交通运输行业核心价值体系，这五个方面的内容相互联系、相互贯通、相互促进，是一个有机统一的整体，是交通运输广大干部职工在长期实践中形成的丰富思想文化成果，是对交通运输行业核心价值体系深刻内涵的科学揭示，是交通运输事业发展的重要基础和精神家园。

## 一、行业核心价值观

**人便于行，货畅其流，服务群众，奉献社会。**

行业核心价值观是交通运输行业核心价值体系的高度凝练和科学概括，阐明了行业发展的根本任务和核心价值追求，是制定行业发展战略和方针政策的本质导向和基本遵循。行业核心价值观是行业核心价值体系的核心，解决的是交通运输行业的基本属性和根本宗旨问题。“人便于行、货畅其流”体现了交通运输的基本功能定位和服务特征。交通运输作为国民经济的基础产业和关系国计民生的服务性行业，要建设布局合理、功能完备、有效衔接的交通运输体系，营造公平、公正、公开的交通运输市场环境，提供畅通、高效、安全、绿色的优质文明服务，从根本上解决行路难和运货难的问题，使交通运输适应国民经济发展和建设小康社会的需要。“服务群众，奉献社会”体现了交通运输行业贯彻党的全心全意为人民服务的根本宗旨，建设服务型政府部门和负责任行业，坚持以人为本、服务为先、诚实守信，无私奉献，大力推进交通运输事业科学发展，不断满足经济社会和人民群众日益增长的交通运输需求的高尚品德。

## 二、行业使命

**发展现代交通，做好“三个服务”。**

行业使命是交通运输行业核心价值体系的统领，解决的是服务方向和肩负责任的问题。发展现代交通运输业，是新时期交通运输行业深入贯彻落实科学发展观，按照加快转变经济发展方式、推动产业结构优化升级和大力发展现代服务业的战略部署，是推进公路水路交通由传统产业向现代服务业转型，具有全局性、方向性的重大战略，也是交通运输行业适应经济社会发展的客观要求和交通运输发展规律的内在要求和价值取向。“三个服务”是对多年来交通运输实践经验的总结。其中，服务国民经济和社会发展全局，是交通运输工作的总任务；服务社会主义新农村建设，是交通运输工作的重中之重；服务人民群众安全便捷出行，是交通运输工作的根本要求。“三个服务”体现了对交通运输本质属性的深刻认识，体现了对交通运输行业神圣使命的高度认同，是交通运输行业基于交通属性对行业使命所做出的价值选择。

## 三、共同愿景

**建设一个畅通、高效、安全、绿色的现代化交通运输系统，实现人便于行、货畅其流，让人们享受高品质的运输服务，让经济社会发展更加充满活力，让交通与自然、社会更加和谐。**

共同愿景是交通运输行业核心价值体系的主题，解决的是价值取向和奋斗目标的问题。交通运输发展的共同愿景体现了交通运输行业作为国民经济和社会发展的基础性和服务型行业的特征，体现了交通运输行业基于自身使命对未来交通运输发展愿望与发展前景的美好憧憬，以及对未来发展目标与发展效果的理想追求，涵盖了衡量交通运输发展效益的关键指标，体现了交通运输发展与自然环境、人文环境的协调关系。“畅通”意味着方便、快捷，要最大限度地提高交通的覆盖率、通达度和机动性；“高效”意味着更准点、更及时，要不断改进组织管理和服务方式，提高客货运输效率；“安全”意味着更少的人员伤亡和财产损失；“绿色”意味着要科学规划，科学设计，尽量节约交通运输基础设施建设土地占用，高度重视保护生态环境。“人便于行、货畅其流”体现了交通运输的基本功能定位和服务特征；“交通与自然、社会更加和谐”体现了交通运输在发展的同时要着重处理好与外部环境的关系。

## 四、交通精神

**艰苦奋斗、勇于创新、不畏风险、默默奉献。**

交通精神是行业核心价值体系的精髓，解决的是精神动力和精神风貌的问题。交通精神是民族精神和时代精神在交通实践中的生动体现，是对交通运输行业先进典型精神内核的高度概括，是交通运输行业广大从业人员共同创造的精神财富，是交通运输行业履行自身使命、实现共同愿景的强大动力，代表了交通运输行业广大从业人员的思想意志和精神风貌。艰苦奋斗是交通运输行业的优良传统。长期以来，交通运输行业各条战线广大职工，立足我国建设任务繁重、经济基础薄弱的基本国情，胸怀高度的使命感和责任感，始终保持勤俭节约、艰苦朴素、拼搏进取、努力奋斗的优良传统，大力推进交通现代化建设，确保交通发展的质量、效益和效率，创造了可歌可泣的光辉业绩。勇于创新是交通运输行业的时代追求。锐意进取、勇于创新，是交通运输行业在长期的改革与发展实践中不断适应新的形势变化和发展要求，有效解决突出矛盾和问题，不断取得重大进展与突破的成功经验。不畏风险是交通运输行业的突出意志。无论是工程施工和抢险救灾，还是海上安全保障和人命财产救助，无不存在一定风险。在本职工作中，交通运输职工时时表现出奋不顾身、顽强拼搏的崇高气节。不畏风险是对广大从业人员精神和意志的精准表达。默默奉献是交通运输行业的真情付出。交通建设、运输和管理大多是在气候恶劣、地形复杂、人烟稀少的特殊条件下展开的，广大交通建设、运输和管理人员，在平凡的岗位上、在艰苦的条件下，恪尽职守、真诚奉献，保障了交通运输事业的大发展。

### 五、职业道德

**爱岗敬业、诚实守信、服务群众、奉献社会。**

职业道德是行业核心价值体系的基础，解决的是交通运输职工行为规范和职业操守的问题。交通运输行业职业道德是与交通运输管理与服务活动紧密联系的符合职业特点所要求的道德准则、道德情操与道德品质的总和，既是对交通运输职工在职业活动中行为的要求，同时又是职业对社会所负的道德责任与义务。爱岗敬业是职业道德的基础，交通运输工作直接面向社会，与群众利益息息相关，交通运输职工首先要热爱本职工作、履行岗位职责。诚实守信是职业道德的精髓，诚实守信要求交通运输职工做到诚实、诚恳，讲信义、守信用。服务群众是职业道德的基本要求，服务是交通运输工作的本质属性，做好服务是交通运输发展的突出主题。奉献社会是职业道德的最高境界，交通运输职工要将奉献社会作为职业道德建设的出发点和归宿，在奉献中实现自我价值。

## 第四节　新时代交通精神的初步提炼

精神是一个复杂的体系，幻想通过一两句话进行抽象与概括是不现实的。但为了传播方便，人们总是习惯于从若干反映某种精神的价值元素中筛选有限的几个或几组，以此作为精神的代表并进行传播和实践。本节在继承既有交通精神相关研究成果的基础上，结合新时代交通精神的价值元素，尝试进行筛选和组合，以此来形成交通精神的相关建议方案。

**建议方案一**

**文字表述：**砥砺奋进，融合创新，敬业奉献，强国富民。

**内涵诠释：**砥砺奋进是中华民族的优良品格。党的十八大以来，以习近平同志为核心的党中央以强烈的历史使命感，高瞻远瞩、统揽全局、勇于担当，面对巨大的困难与挑战，创造性地提出一系列治国理政新理念新思想新战略，率领全国人民攻坚克难、砥砺奋进，开启了实现中华民族伟大复兴中国梦的新长征。党的十九大立足新时代新征程，作出了建设交通强国的重大决策部署，这是以习近平同志为核心的党中央对交通运输事业发展阶段特点和规律的深刻把握，是全国人民对交通运输工作的殷切期望，也是新时代全体交通人为之奋斗的新使命。

融合创新是交通发展的时代要求。当前，我国交通运输改革发展中仍面临着交通大部门制改革有待进一步深化、各种运输方式衔接配合机制仍需完善、综合交通运输法规体系亟待健全等突出问题。在我国交通运输实现现代化的过程中，应注重大力发展综合交通，建设现代综合运输体系，促进各种运输方式一体化发展，实现各种运输方式标准的有效衔接，实现综合运输一体化服务。同时，当前的科技发展日新月异，新技术、新模式、新业态层出不穷，交通运输发展应以更加开放的姿态，加快与新技术、新业态的融合创新。

敬业奉献是交通运输行业的真情付出。我国交通建设、运输和管理大多是在气候恶劣、地形复杂、人烟稀少的特殊条件下展开的，广大交通建设、运输和管理人员，无数的铺路工、养路工和航标工，寒来暑往、经年累月，不顾风吹雨打、不计名利得失，在平凡的岗位上、在艰苦的条件下，恪尽职守、真诚奉献，用宝贵的青春和人生，铺就了无数大道，送去了万家温暖，确保了万家平安，留下了无数可歌可泣的感人事迹，涌现了以“为人民服务到白头”的“小扁担精神”、“爱岗敬业、默默奉献”的“铺路石精神”、“燃烧自己、照亮别人、奉献社会”的“航标灯精神”等为代表的凸显默默奉献精神的先进典型。

强国富民是国家和人民赋予交通运输行业的神圣使命。交通运输是支撑经济良性发展、促进社会全面进步的基础性产业和服务性行业，是促进经济增长、优化产业布局、改善人民生活、保障国家安全、维护社会稳定的基础条件和重要依托。交通运输发展的主要任务是发展现代交通业、实现交通现代化，根本目的是促进人民富裕、实现国家强盛。

**建议方案二**

**文字表述：**不畏艰险，敬业奉献，甘为路石，当好先行。

**内容诠释：**不畏艰险是交通运输行业的突出意志。交通建设逢山开路、遇水架桥，车辆行驶于陡峭险峻的群山之间，船舶航行于风急浪高的水面之上，无不存在一定风险，正所谓“行船走马三分险”。长期以来，中国航海者面对风浪惊涛的海洋环境和突如其来的各种困难，总是勇往直前、镇静应对、精诚协作，圆满完成国家和人民交付的各项运输任务，彰显了“乘风破浪、不畏艰险、同舟共济”的“航海精神”。尤其是在发生海上安全事故的情形下，我国海上搜救队伍更是凭借精湛的技能和过人的胆略，不顾个人安危，及时赶赴现场，全力施行搜救，确保人民生命与财产安全，凸显了“把生的希望送给别人、把死的危险留给自己”的“救捞精神”，是交通运输行业坚强意志力和大无畏精神的突出体现。

敬业奉献是交通运输行业的真情付出。我国交通建设、运输和管理大多是在气候恶劣、地形复杂、人烟稀少的特殊条件下展开的，广大交通建设、运输和管理人员，无数的铺路工、养路工和航标工，寒来暑往、经年累月，不顾风吹雨打、不计名利得失，在平凡的岗位上、在艰苦的条件下，恪尽职守、真诚奉献，用宝贵的青春和人生，铺就了无数大道、送去了万家温暖、确保了万家平安，留下了无数可歌可泣的感人事迹，涌现了以“为人民服务到白头”的“小扁担精神”，“爱岗敬业、默默奉献”的“铺路石精神”，“燃烧自己、照亮别人、奉献社会”的“航标灯精神”，“尚法弘德，为民负责，执法为民，服务社会”的“海事精神”，以及“尽职在岗、奉献在船”的“孙彪精神”等为代表的凸显敬业奉献精神的先进典型。

甘为路石、当好先行是交通运输行业的优良传统。立足我国建设任务繁重、经济基础薄弱的基本国情，交通运输行业各条战线广大员工，本着高度的使命感和责任感，始终保持默默奉献、敢为人先的优良传统，大力推进我国的现代化交通建设，确保交通发展的质量、效益和效率，创造了无数可圈可点的光辉业绩，涌现了以“一代人要有一代人的作为、一代人要有一代人的贡献、一代人要有一代人的牺牲”的“青岛港精神”“胸怀祖国、热爱边疆的爱国精神，不懈探索、敢于突破的创新精神，恪尽职守、忘我工作”的敬业精神，以及“勇闯新路、改革进取的精神，干字当头、艰苦奋斗”的精神等为代表的彰显甘为路石、当好先行精神的先进典型。

**建议方案三**

**文字表述：**连通梦想，延伸希望，融合创新，臻于至善。

**内涵诠释：**“连通梦想、延伸希望”是交通发展本源和目标的体现。交通发展的本源是满足人的出行需求、摆脱时空束缚。交通运输只是实现人或货物的位移，本身不产生价值，但交通的发展，改变了人们的时空观念，扩大了人类的精神空间，形成了产业增加值。交通发展的目标，是通过提高连通效率，延伸服务价值。

“融合创新，臻于至善”是交通在新时代自身发展的一种境界和时代要求。当前及今后一个时期，应注重大力发展综合交通，建设现代综合运输体系，促进各种运输方式一体化发展，实现各种运输方式标准的有效衔接，实现综合运输一体化服务。同时，以更加开放的姿态，加快与新技术、新业态的融合创新。在发展的过程中，不断的审视自我、完善自我，推进交通运输服务能力和水平迈向新的台阶。

**建议方案四**

**文字表述：**发展现代交通，促进民富国强。

**内涵诠释：**现代交通是适应现代经济社会发展需求，使交通在服务效率、成本、质量、安全等方面达到更高的水平和层次。发展现代交通，是交通运输当前及今后发展的方向与追求。不同阶段有不同的现代化标准，发展现代交通具有恒久性和连续性，在当前阶段体现的是与当前交通运输发展形势要求相吻合的鲜明的时代要求。

促进民富国强是国家和人民赋予交通运输行业的神圣使命。交通运输是支撑经济良性发展、促进社会全面进步的基础性产业和服务性行业，是促进经济增长、优化产业布局、改善人民生活、保障国家安全、维护社会稳定的基础条件和重要依托。交通运输发展的主要任务是发展现代交通业、实现交通现代化，根本目的是促进人民富裕、实现国家强盛。

**建议方案五**

**文字表述：**科学严谨，安全至上，敬业奉献，至臻卓越。

**内涵诠释：**科学严谨是交通发展的方式和态度。交通发展在发展过程中不断面临新机遇和新任务，科学的审视这些形势与任务，才能正确处理发展中的各种关系，才能看清交通发展面临的机遇和挑战，才能树立科学的发展理念，选择科学的发展道路。交通运输与人民群众的生命财产安全息息相关，必须采取严谨的态度，依靠专业的水平，才能有效为百姓出行和经济发展保驾护航。

安全至上体现的是交通运输发展过程中对人本的重视和对生命的尊重。安全，意味着更少的人员伤亡和财产损失，这是交通发展体现“以人为本”价值理念的首要标准。交通运输的功能定位和本质特征，决定了要不遗余力地减少运输伤亡、促进公众出行安全。

敬业奉献是交通运输行业的真情付出。我国交通建设、运输和管理大多是在气候恶劣、地形复杂、人烟稀少的特殊条件下展开的，广大交通建设、运输和管理人员，无数的铺路工、养路工和航标工，寒来暑往、经年累月，不顾风吹雨打、不计名利得失，在平凡的岗位上、在艰苦的条件下，恪尽职守、真诚奉献，用宝贵的青春和人生，铺就了无数大道、送去了万家温暖、确保了万家平安，留下了无数可歌可泣的感人事迹。

至臻卓越是交通发展的一种态度，是一种对完美境界孜孜不倦的精神追求。追求至善至美是交通不断提升服务能力和水平的内在驱动。对标国际先进水平，弘扬追求卓越的理念，将尽善尽美贯穿于交通运输建设、管理、养护、运输等服务的全过程，为经济社会发展和公众出行提供更加便捷、高效的服务。

**建议方案六**

**文字表述：**以人为本，安全至上，便捷高效，服务民生。

**内涵诠释：**以人为本体现了交通运输行业贯彻党的全心全意为人民服务的根本宗旨，建设服务型政府部门和负责任行业，坚持以人为本、服务为先、诚实守信，无私奉献，大力推进交通运输事业科学发展，不断满足经济社会和人民群众日益增长的交通运输需求的高尚品德。

安全至上体现的是交通运输发展过程中对人本的重视和对生命的尊重。安全，意味着更少的人员伤亡和财产损失，这是交通发展体现“以人为本”价值理念的首要标准。交通运输的功能定位和本质特征，决定了要不遗余力地减少运输伤亡、促进公众出行安全。

便捷高效是交通运输发展的结果，是交通运输基本功能定位和服务特征的具体体现。交通运输作为国民经济的基础产业和关系国计民生的服务性行业，要推进转变发展方式，加强技术管理创新，从根本上解决行路难和运货难的问题，更好地为经济社会发展和人民群众服务，使交通运输适应国民经济发展和建成小康社会的需要。

服务民生是交通发展的目的。交通不仅是一个经济产业，更是一项重要的民生工程。在交通发展中要着力于促进民生改善，根据不同历史阶段广大人民群众呈现出的不同需求，不断改进交通运输基础设施供给、交通运输服务手段和方式，以满足人民群众在不同历史阶段对交通运输的不同需求。

**建议方案七**

**文字表述：**秉承优良传统，担负时代使命，建设交通强国，服务民族振兴。

**内涵诠释：**“秉承优良传统、担负时代使命”是交通运输发展继往开来的价值遵循。交通运输是一个具有悠久历史的传统行业，在长期的发展历史中积淀了许多优良的文化成果。交通运输发展应在传承行业传统文化的基础上，充分融入时代精神和时代使命，不断丰富和发展其科学内涵，确立具有时代特征的发展理念，在既有基础上不断取得新的发展成就。

“建设交通强国、服务民族振兴”是交通运输发展的时代使命。党的十九大明确提出建设交通强国的宏伟目标，交通运输系统将在新时代奋力开启建设交通强国的新征程。建设交通强国，应具有世界眼光、中国特色，一要自身强，综合实力世界领先，二要强国家，有效支撑民族振兴。

**建议方案八**

**文字表述：**敢于担当、不畏艰险、务实创新、默默奉献。

**内涵诠释：**敢于担当是交通运输行业的时代责任。当前交通运输发展已经站在了一个新的起点上，必须要根据经济社会发展战略目标，调整、提高发展的战略重点和发展内涵，广大从业人员务必要敢于担当、锐意进取，确保为国民经济和社会发展提供有力支撑。

不畏艰险是交通运输行业的突出意志，是在交通运输建设、生产和管理的环境条件下，对广大从业人员精神和意志的贴切表达。

务实创新是交通人的博大胸怀，也是几代交通人长期以来致力于交通运输事业发展的精准总结。

默默奉献是交通运输行业的真情付出，是对广大从业人员在平凡的岗位上、在艰苦的条件下，恪尽职守、真诚奉献的真实描述。

**建议方案九**

**文字表述：**服务群众，奉献社会；人便于行，货畅其流。

**内涵诠释：**“服务群众、奉献社会”体现了交通运输发展与服务的价值导向与基本遵循，体现了交通运输作为国民经济的基础产业和关系国计民生的服务性行业，要从根本上解决老百姓行路难和运货难的问题，使交通运输适应国民经济发展和全面建成小康社会的需要。

“人便于行、货畅其流”是交通运输发展的结果，是交通运输基本功能定位和服务特征的具体体现。交通运输要通过建设布局合理、功能完备、有效衔接的交通运输体系，营造公平、公正、公开的交通运输市场环境，提供畅通、高效、安全、绿色的优质文明服务，不断满足国民经济发展和社会公众出行的需要。

**建议方案十**

**文字表述：**建设现代交通运输体系，服务全面建成小康社会。

**内涵诠释：**现代交通运输是适应现代经济社会发展需求，使交通运输在服务效率、成本、质量、安全等方面达到更高的水平和层次。发展现代交通运输，是交通运输当前及今后发展的大方向。

服务全面建成小康社会是交通运输发展的应有之义，也是国民经济和社会发展对交通运输提出的新的更高要求。

## 第五节　交通精神的传播方法

现代传播学的发展过程中，出现过很多基本规律。当前，交通运输行业最先要改革的是传播者的意识和观念，要变简单“传播”为立体“营销”，变简单“发稿”为策划“活动”，学会主动出击，学会策划媒体，学会议程设置，从而占据先机，建立起有效地对症下药的新时代交通精神传播机制。

### 一、以普及宣传作为传播的定位

交通精神的相关内容，既不像娱乐内容，能给人们带来乐趣，也不像生产生活信息，是人们日常生产生活中所不可或缺的，人们一般不会也没有强烈的需求主动去寻找和接触。因此，交通精神传播要想取得好的效果，必须充分利用各种传播渠道和场所，让交通精神传播渗入人们的生活，主动去贴近和接触社会大众，以方便人们随时随地获取交通精神相关的内容，这样才能取得好的传播效果。

根据传播学的易得性规律，传播效果与人们接近和获得信息的费力程度成反比，人们越容易接近和获得信息，传播效果就越好，人们接近和获得信息的费力程度越高，传播效果就越差。因此，要想取得好的传播效果，就传播渠道来说，就是要想方设法降低人们接近和获得信息的难度，使人们更容易接近和获得信息。

交通精神传播要想取得好的传播效果，也必须遵循传播渠道易得性规律，灵活运用各种传播渠道和形式，使社会大众容易接近交通精神及其承载的相关内容，很方便地获得其传播的内容和信息，受到教育和熏陶。在传播实践中，可以广泛利用电视、广播、报纸、杂志、书籍等传统大众传媒，以及网络、微信、微博等新兴媒体进行最大范围、最大深度的宣传推广，并深度挖掘中华传统文化中的自然、和谐与可持续内容，并通过媒介释放出自身的影响力。

## 二、以行业内外作为传播的范围

交通运输行业内广大干部职工无疑是交通精神宣传传播的主要对象，通过在广大干部职工开展各种形式的传播活动，使干部职工进一步凝聚发展正能量，提升行业凝聚力和向心力，更好地促进交通运输改革发展的伟大实践。

同时，社会公众是交通运输行为的参与者，也是交通运输发展实践的受益者。在交通精神的宣传与传播中，务必要跳出行业的圈子，把社会环境作为传播的大背景，将交通精神变成一种大众宣传行为，使人们在交通运输发展问题上形成统一的价值观、发展观、消费观、资源观等，并存在于不同社会经济活动主体的生产生活中。

## 三、以自身受益作为传播的策略

只有让社会公众广泛参与，并且让公众真切感受到践行交通精神、促进交通运输良性发展对自身是有好处的，才能有效地引导社会公众积极参与交通运输发展实践，自觉践行交通精神，才能确保交通精神传播的积极效果。在传播的过程中，要从交通运输发展实践的具体效果出发做好宣传工作，多宣传交通运输发展对社会公众自身的积极效果，使公众切实感受到交通运输发展带来的对自身的益处，例如公共自行车的普及、LNG 公交车的应用等。

例如，在“绿色骑行”理念的传播过程中，如果单纯地宣传自行车出行对于减少碳排放的影响，号召公众为环境保护事业做贡献等，可能并不能引起公众的关注和参与。但如果从公众自身受益的角度出发，宣传骑行除了是一种环保绿色出行方式外，也非常有益于人体的健康，并增加一些关于骑自行车对身体各个器官的运动效果分析，以及对预防高血压、动脉硬化、冠心病及中风的益处，让公众感受到骑行确是一种轻松愉快且有益于身心健康的体育锻炼，就能达到出乎意料的传播效果。

## 四、以强化效果作为传播的方式

当前，媒体的多样化大大扩张了受众接受的可能性，电视、报纸、杂志、广播、网络、微信、微博，都成为信息发布和传播的有效渠道。根据传播效果倍增规律，只有“将新闻和信息在任何时候以最方便的方式递送给任何人”，才能有效增强传播效果。

在交通精神传播的过程中，可以把各种不同的传播形式有机组合起来，发挥各自的优点，形成传播形式的叠加，从而确保交通精神传播效果的最大化。另外，可通过多种方式、多种层面强化传播效果，如举办专题讲座，邀请著名专家深度剖析交通运输发展理念，邀请经济学家讲授运输经济发展形势，邀请企业家介绍交通运输发展中政企合作等，叠加传播效果，达到传播效果倍增的目的。

## 五、以喜闻乐见作为传播的要领

当今社会是一个信息充斥的社会，各种各样的信息对人们注意力的争夺空前激烈，而人们的注意力是有限的，对于各种各样的传播者和信息来说，这是个零和博弈，只有那些编码方式具体形象，生动活泼又通俗易懂的传播内容才能吸引社会大众的注意力，才有利于社会大众的理解和记忆，最终取得好的传播效果。

根据传播内容的易受性规律，对受传者来说传播内容越容易接收和理解，传播效果越好，反之，越不容易接收和理解，传播效果越差。因此，要想取得好的传播效果，必须传播对受传者来说易于接收和理解的内容，或者说必须注意传播内容的编码方式和技巧，努力使传播内容易于接收和理解。

因此，交通精神传播要想取得好的传播效果，必须遵循传播内容易受性规律，以社会公众的兴趣、习惯、接受能力为导向，通过通俗易懂、形象生动的标志标识，策划社会公众喜闻乐见的活动，广泛宣传交通运输发展的成就，切实让社会公众体会到交通运输发展对于自身生产生活的积极效果，达到在社会上普及交通精神的效果，进而有效引导公众行为。例如，可以通过一目了然的标志标识、简洁明了的宣传语强化公众的视觉与听觉，以便从心理上影响人们对交通精神的接受，使这些具备视觉、听觉强化功能的符号、标志分布于交通基础设施及公众的生活设施，长期内将形成一种接受和践行交通精神的行动自觉。

# 参考文献

[1] 交通部. 中国交通 50 年成就[M]. 北京:人民交通出版社,1999.
[2] 谷中原. 交通社会学[M]. 北京:民族出版社,2002.
[3] 刘承先. 中国公路史(上、下)[M]. 北京:人民交通出版社,1990.
[4] 王嵘. 古道之谜[M]. 成都:四川文艺出版社,2003.
[5] 赵吉惠. 中国传统文化导论[M]. 陕西:陕西人民教育出版社,1998.
[6] 周蔚,徐克谦. 人类文化启示录[M]. 北京:学林出版社,1999.
[7] 谭伟东. 西方企业文化纵横[M]. 北京:北京大学出版社,2001.
[8] 聂茂,冯伟林. 日月驰骋——高速公路文化镜像[M]. 北京:光明日报出版社,2007.
[9] 冯伟林,聂茂. 速度之恋——高速公路文化家园[M]. 北京:光明日报出版社,2007.
[10] 李旭. 茶马古道[M]. 北京:新星出版社,2005.
[11] 韩宝燕. 交通宏图[M]. 北京:党建读物出版社,2004.
[12] 白渔. 唐蕃古道[M]. 北京:中国青年出版社,2004.
[13] 车华玲. 悠悠丝路[M]. 长春:长春出版社,2007.
[14] 云中天. 中国历史上的大辟疆[M]. 北京:中国三峡出版社,2007.
[15] 郭欣. 古今交通拾趣[M]. 北京:人民交通出版社,1992.
[16] 侯仁之. 中国六大古都[M]. 北京:中国青年出版社,1983.
[17] 胡阿祥. 中国地理大发现[M]. 济南:山东画报出版社,2004.
[18] 张云初. 企业文化资源[M]. 北京:海天出版社,2005.
[19] 黎群. 企业文化建设[M]. 北京:经济科学出版社,2006.
[20] 李康. 现代城市交通[M]. 北京:人民交通出版社,1998.
[21] 全永燊. 路在何方[M]. 北京:中国城市出版社,2002.
[22] 王开. 陕西古代道路交通史[M]. 北京:人民交通出版社,1989.
[23] 张若龄. 广西公路史[M]. 北京:人民交通出版社,1991.

[24] 陈传德. 高速公路[M]. 太原:山西出版集团,2008.
[25] 陈序经. 文化学概观[M]. 北京:中国人民大学出版社,2005.
[26] 袁行霈. 中国文学史[M]. 北京:高等教育出版社,2005.
[27] 黄如金. 和合管理[M]. 北京:经济管理出版社,2006.
[28] 林盛竹. 文化链[M]. 北京:企业管理出版社,2005.
[29] 张益中. 企业管理总论[M]. 北京:企业管理出版社,1995.
[30] 奚从清,谢健. 现代企业文化概论[M]. 杭州:浙江大学出版社,2001.
[31] 黄史舫,潘新平. 企业改革与管理创新[M]. 北京:社会科学文献出版社,2001.
[32] 魏杰. 文化塑造企业生命常青藤[M]. 北京:中国发展出版社,2002.
[33] 陈序经. 文化学概观[M]. 北京:中国人民大学出版社,2005.